AF384084

LETTRES

RÉCRÉATIVES ET MORALES,

SUR

LES MŒURS DU TEMPS,

A M. LE COMTE DE ***.

Par l'Auteur de la Conversation avec soi-même.

TOME SECOND.

A PARIS;

Chez NYON, Quai des Augustins, à l'Occasion.

M. DCC. LXVII.

LETTRES

RÉCRÉATIVES ET MORALES;

SUR

LES MŒURS DU TEMPS,

A M. LE COMTE DE ***.

Par l'Auteur de la Conversation avec soi-même.

TOME SECOND.

A PARIS;

Chez NYON, Quai des Augustins, à l'Occasion.

━━━━━━━━━━━━━━━

M. DCC. LXVII.

AVEC APPROBATION ET PRIVILÉGE DU ROI.

LETTRES

RÉCRÉATIVES ET MORALES,

SUR

LES MŒURS DU TEMPS.

LETTRE I.

JE vous desirois l'autre jour, pour m'expliquer je ne fçais combien d'infcriptions d'une date très reculée. En vain je voulus déchiffrer & deviner, je fus contraint d'avouer tout bonnement mon ignorance, & de vous nommer comme un connoiffeur, qui nous auroit tiré d'embarras. Ces fortes d'épitaphes font incruftées dans la muraille d'un vieux château , & je ne pûs les voir qu'avec chagrin. J'ai toujours éprouvé que les veſtiges des ſiècles paſſés répandoient dans l'ame je ne ſçais quoi de triſte & de lugubre , comme ſi l'on étoit fâché de ce que le temps s'enfuit , & ne laiſſe après lui que des ruines & des débris. On ſe repréſente ces jours qui ne ſont plus , & dont il ne reſte que quelques traces peintes ou ſculptées; & l'on penſe qu'il en ſera bientôt de même de ceux qui s'écoulent avec nous.

Je m'occupe ſouvent de l'étonnement où ſeroient les anciens, s'ils revenoient maintenant au milieu de nos villes. Que de métamorphoſes , que d'aggrandiſſemens , que d'embelliſſemens ! ils retrouveroient les chapelles transformées en égliſes , les chaumières en maiſons; & ils auroient toute la peine à ſe reconnoître dans les lieux mêmes qu'ils habitèrent. Ici, des rivières ont pris un autre cours , là des montagnes ont été coupées; & la face du monde a totalement changé.

Il en ſera de même après nous. On ne reconnoîtroit pas dans mille ans

nos bourgs & nos cités. Le chevalier
se fâche de ce que nous ne sommes
pas nés un siècle plus tard. Il dit que
les villes alors seront bien plus magnifiques, & que les commodités de la
vie augmenteront au moins d'un tiers.
Tantôt, il crie contre le luxe, & tantôt il le préconise, selon que son imagination le pousse. C'est le sort de
tous ceux qui sont dominés par cette
aimable folie. Adieu.

LETTRE II.

JE ne vous tiens nullement compte
de votre visite. Je ne vous ai vû que
passer, & j'ai toute la peine du monde à me persuader que cette entrevûe
n'est pas un rêve. Quoi ! après trois
ans de séparation, ne donner que trois
heures à un ami ? J'en demande ven-
geance à l'amitié même ; & je suis bien
assuré qu'elle vous condamnera.

A ij

LETTRE III.

JE ne fçais où cette lettre vous rencontrera. Je la charge d'aller fidèlement jufqu'à vous : mais je crains que l'irrégularité des poftes ne l'arrête en chemin. En tout cas , vous ne vous en prendrez qu'à vous-même. Pourquoi courez-vous fi précipitamment, & dans des routes fi peu battues ?

Tout le monde ici vous charge d'imprécations. On s'attendoit à vous poffêder au moins huit jours , & vous n'avez paru que pour nous dire , *je m'en vas.* C'étoit bien la peine de venir de plus de foixante lieues nous faire un pareil compliment.

J'étois bien perfuadé que le commerce de M. *** vous déplairoit. Il n'a pu trouver perfonne jufqu'à préfent qui puiffe s'accoutumer à fes façons. Sa préfence même eft révoltante. Il a l'air de vouloir narguer tous ceux qui l'abordent , & de fe railler de tous ceux qui lui parlent.

Le rôle de moqueur n'eſt pas ſupportable, même à la comédie ; & l'on
ne le réaliſe point dans la ſociété. L'a-
mour-propre ſe révolte contre quiconque oſe faire le perſifleur. C'eſt
avoir peu d'eſprit, que de n'en montrer que pour ſe faire des ennemis.

Si votre eſtomac continue à vous
tourmenter, ne faites aucun remède,
mais eſſayez de manger ſans boire.
Les animaux qui ſuivent la nature n'en-
tremêlent point les alimens avec la
boiſſon. Ils mangent juſqu'à ce qu'ils
ſoient raſſaſiés, & enſuite ils boivent.
Voilà votre exemple : ſuivez-le, & je
vous réponds de votre guériſon ; mais
il faut de la perſévérance. Les premiers eſſais vous coûteront, & bien-
tôt vous vous accoûtumerez à cette
ſorte de régime. Tous ceux à qui je
l'ai conſeillé, m'en ont fait des re-
merciemens. Il eſt permis de boire
après les repas, ſelon ſa ſoif. J'attens
de votre courage cette épreuve infiniment plus facile que tous les médi-
camens dont on ne fait que trop d'u-
ſage.

Si notre petit philoſophe va vous

A iij

voir, faites-lui raconter ses observations. Cela vous amusera. Il n'a que de la uperficie, mais il est agréablement superficiel. Adieu.

LETTRE IV.

Je quitte une société où deux femmes ont voulu me persuader que vous étiez méchant, parce que vous aviez autrefois badiné sur leur parure & sur leurs vapeurs. Le monde est rempli de ces sortes de caillettes qui ne sçavent pas la force des termes, & qui regardent un homme enjoué, comme un homme dangereux. Tant que l'esprit ne critique que des airs, des manières, des ajustemens, il n'y a ni médisance, ni malice; c'est peu connoître le cœur humain, que de prendre la gaieté pour le symbole de la méchanceté. Les personnes gaies n'ont contre elles que les petits esprits & les faux dévots. Les uns s'imaginent qu'on les outrage toutes les fois qu'on badine les autres, qu'on pêche toutes les fois qu'on rit.

J'ai remarqué que les habitans des petites villes étoient fujets plus que perfonne à ces fortes de méprifes. Partout où il y a de petites idées & de petits fentimens, on confond la gaieté avec la diffipation, la plaifanterie avec l'indécence, le badinage avec la folie.

LETTRE V.

JE ne fuis nullement étonné de ce que vous m'apprenez. Le public n'eft qu'un affemblage d'inconféquences & de contradictions. Il fe déchaîne contre l'homme en place qui avance fes parens, & il le taxe d'inhumanité, s'il ne fait rien pour eux. Il préconife après la mort, ceux qu'il a déchirés pendant la vie. Il paffe de l'admiration au mépris, & de l'éloge à la fatyre, fans autre motif que l'inconftance.

C'eft ce qui fait que le *qu'en dira-t-on* ne doit point affecter une perfonne qui remplit fon devoir. Les bruits populaires font moins qu'une clo.he qui fonne aux oreilles de l'homm vertueux. Il interroge fa confcience ; & lorfqu'elle ne lui reproche rien , il laiffe bourdonner & crier.

L'abbé * * * * fait fi bien, qu'il n'aura point d'amis. Il n'y a point de prétexte qui puiffe autorifer à rapporter continuellement des chofes défagréables. Quel office, que celui d'informer les uns & les autres de ce qu'on dit fur leur compte, & de ce qu'on penfe à leur fujet ! C'eft un rôle qu'on doit bannir de la société , comme la fource du trouble & de la divifion. Défions-nous de toutes les perfonnes à rapports , difoit madame de Sévigné , ce font de faux confidens , qui empoifonnent notre vie , en paroiffant vouloir nous tranquillifer.

LETTRE VI.

ON ne fe feroit furement pas imaginé, il y a cinquante ans, que c'étoit un ridicule d'honorer Dieu. Mais plus le monde vieillit, plus il se façonne. Un petit-maître me parloit hier de M. ****, & me disoit d'un air de pitié : *C'est un homme qui va à Vêpres.* N'est-ce pas en effet grand dommage, qu'une créature adore son Créateur, & qu'un Chrétien ne vive pas à la manière des bêtes?

Nous ne voyons que les catholiques tenir de pareils propos. Le protestant croiroit se moquer de lui-même, s'il se moquoit de ceux qui professent sa religion ; & le musulman auroit horreur d'un musulman, qui se railleroit de la loi de Mahomet.

Il faut espérer que ce vertige ne durera pas toujours ; & qu'enfin, soumis à la vérité, dociles à la croyance de nos peres, nous reprendrons nos anciennes mœurs & notre ancienne foi. Je voudrois bien sçavoir quelles lumières acquiert un écolier qui sort du collège, pour traiter de fables les dogmes qu'il professoit il n'y a qu'un moment. Cette métamorphose est sans doute un objet de compassion aux yeux de quiconque sçait penser.

LETTRE VII.

NOUS allons donc avoir une cin-
quiéme partie du monde & des hommes
de neuf à dix pieds. Vous me direz
qu'ils étoient affez grands pour fe bat-
tre & pour fe détruire, & qu'on pouvoit bien fe paffer d'avoir des perfonnes d'une taille auffi démefurée ; mais
puifque la Providence le veut ainfi,
il faut les prendre tels qu'ils font.

Des Anglois ont pénétré dans la
terre de Feu qu'on peut appeller un
nouveau continent ; ils y ont trouvé
des géans nommés *Patagons* ; & par ce
fait qui fera conftaté, les efprits forts
vont être obligés de reconnoître que
l'efpèce gigantefque n'étoit point une
fiction imaginée par Moïfe, comme
ils le prétendoient.

L'incrédulité ne fçait abfolument
que nier ; &, lorfqu'elle ne voit pas de
fes propres yeux, elle s'avanture fans
pudeur & fans difcrétion, jufqu'au
point de donner un démenti à l'hif-

toire la plus ancienne & la plus auguſte. Que les vûes ſont courtes,
quand on ne croit que ce qu'on apperçoit !

Je ſuis bien aiſe de vous ſçavoir de
retour & en parfaite ſanté. On trouve
ſon gîte excellent, lorſqu'après un long
voyage, on revient enfin chez ſoi.
Deſormais, vous ne vous déplacerez
qu'à bonnes conditions. Je connois
votre amour pour la vie ſédentaire &
privée. Jouiſſez-en le plus qu'il vous
fera poſſible. C'eſt le moyen de goûter un vrai bonheur.

LETTRE VIII.

JE me fâche tout de bon contre vous,
ſi vous ne faites pas venir les ouvrages du père Gerdil. Ce ſçavant Sa-
voyard de nation, barnabite & pré-
cepteur de S. A. R. le prince de Pied-
mont, peut diſputer la gloire d'être
un des premiers hommes de ſon ſiècle.
Il a toute l'érudition & toute la ſaga-
cité poſſibles, choſes qui rarement

s'allient ensemble. Il parle, mieux que personne, le François, l'Italien & le Latin ; & sa modestie n'est point inférieure à son génie. Mallebranche est son héros, il a fait sa défense dans un ouvrage excellent, dédié au cardinal des Lances son ami.

Je lis actuellement sa réponse au citoyen de Genève sur le livre d'Emile ; & je me confirme de plus en plus dans l'opinion que sa critique, en quelque genre que ce puisse être, est toujours la meilleure & la plus polie. Il règne dans tous ses écrits une honnêteté qui lui concilie ceux mêmes qu'il combat. Il ne lui manque que de la santé ; car on peut dire que son corps, pour ne laisser briller que le feu de son génie, s'est presque réduit à rien.

Le chevalier se fâchoit l'autre jour de ce qu'un homme si précieux n'avoit pas un bon estomac, pendant que tant de personnages inutiles ne font que digérer. Ses réflexions sont réellement originales. Il dit que la plûpart des sçavans n'ont qu'un corps à portion congrue, & que la plûpart des gros bénéficiers en ont un relatif à leurs revenus. Je connois un volumineux abbé qui craint les saillies du chevalier & qui faisoit l'autre jour son possible pour se retrécir en sa présence. Notre homme s'en apperçut, & lui répliqua : Ce n'est qu'en jeûnant, mon cher abbé, qu'on doit se rappetisser.

LETTRE IX.

On gronde, on tempête, & c'est vous qui avez excité cet orage par votre silence obstiné. Mesdames ***, que je viens de quitter, attendent une reponse depuis deux mois, & vous ne donnez aucun signe de vie. Je n'ai eu garde de dire que vous m'écriviez souvent, tout eût été perdu.

Depuis le temps que vous frequentez les hommes ; comment ne les connoissez vous pas ? comment aviez-vous pu croire que les négocians & les gens d'affaires obligeoient gratuitement ? Accoutumés à faire valoir leur argent, ils n'ont en vue que cet objet ; & , s'ils nous paroiſſent généreux dans la magnificence de leurs ameublemens & de leurs repas, c'eſt que l'oſtentation leur eſt auſſi chère que l'intérêt. On leur rend bien la pareille : on les regarde comme d'honnêtes traiteurs, chez qui l'on fait des parties d'aller manger le meilleur poiſſon de mer & les premiers petits pois. Il s'en honorent, mais voudriez-vous partager cet honneur ?

Je ne vois, chez la plupart des riches, que différentes manières d'être inhumain. Les biens excitent l'amour de l'intérêt ; &, quand on eſt intéreſſé, on ſacrifieroit, pour la ſomme la plus modique, ſon meilleur ami.

Je connois une grande ville où les commerçans regardent, comme un dommage irréparable, la perte d'un ſol ; & j'en connois une autre plus petite, où ils refuſent de rendre des ſervices mêmes qui ne leur coûtent rien. Ne les nommons pas, pour l'honneur de l'humanité, & plaignons ceux qui vivent dans leur ſociété.

LETTRE X.

Je connois très-bien cette espèce de solitaires que vous avez visités. Ils ne sont pas tourmentés du démon du génie; ainsi je ne suis nullement surpris que l'ennui vous ait saisi, dès leur premier abord. La cave est leur bibliothèque; la chasse, leur étude; leur vie une triste végétation. Cependant, s'il étoit jamais question de les supprimer, ils crieroient à toute force qu'on en veut à la religion.

Ce n'est pas la retraite qui donne du mérite. Je juge d'un homme, parce qu'il fait, & non par la solitude qu'il observe. On peut perdre le temps, en restant chez soi; & on peut l'employer utilement, quoiqu'on aille souvent chez les autres. L'homme qui s'applique & qui compose, a besoin d'une dissipation proportionnée à son travail. Il y a un équilibre pour les esprits, comme pour les corps, & il faut tâcher de l'entretenir; mais les personnes qui

végètent, & combien n'y en a-t-il pas?
ne peuvent concevoir que la promenade & la gaieté foient néceffaires à un
philofophe qui s'épuife à écrire & à
penfer.

On voudroit qu'un auteur, qui écrit
gravement, fût grave comme fes ouvrages; c'eft-à-dire qu'une perfonne
ne devroit ni parler, ni fe remuer, parce que fon portrait n'a ni parole, ni
mouvement. Le monde eft rempli d'o-
pinions injuftes & bizarres. S'il falloit
qu'un écrivain reffemblât à tous les fujets qu'il traite, on verroit fouvent,
dans la même perfonne, les contraftes
les plus fracpans.

Un homme trifte, fait un ouvrage
badin; un homme très-enjoué, com-
pofe dans un genre très-férieux; & il
n'y a point du tout d'inconféquence,
ni chez l'un, ni chez l'autre. On écrit
comme on eft affecté.

Le ciel nous délivre des petits efprits. Ils prennent tout de travers; ils
ne fçavent pas diftinguer, avec le fage,
ni un temps pour rire, ni un temps pour
pleurer.

Je ne vous écrirai qu'à la huitaine.

Je

Je vais dans un pays où il n'y a ni pos-
tes, ni chemins, & où l'on auroit befoin d'être tranfporté comme le pro-
phète Habacuc. Adieu.

LETTRE XI.

JE n'ay vu, depuis huit jours, que des
montagnes, des torrens & des précipices; & mon plaifir étoit d'être feul avec
la nature, dans ces déferts affreux. Je
fens néanmoins que ç'en eft affez, &
qu'il eft temps que je revienne parmi les hommes. Une folitude opiniâtre
a mille inconvéniens, dont le plus petit
eft l'ennui. Auffi, l'écriture nous dit-
elle, malheur à celui qui eft feul.

C'eft une vraie machoire de pierre
de taille, que l'avocat ****. Je viens de
l'entendre, & il a tellement martelé fes
mots, que j'en ai la migraine. Il parle
& penfe péfamment. Le coufin n'a pu
refter jufqu'à la fin de fon plaidoyer;
il a couru dédommager fes oreilles,
chez un homme qui joue du violon fu-
périeurement.

Tome II.   B

LETTRE XII.

LA comtesse vient de perdre la vue, & le chevalier dit qu'elle ne perd pas grand chose, parce qu'elle ne voyoit que des chiens, des toilettes & des chiffons. Il y a bien des manières différentes d'employer ses yeux, & qu'on est à plaindre, lorsqu'on ne s'en sert que pour considérer des bagatelles & des vanités.

Quelques personnes prétendent qu'il vaut mieux être aveugle que sourd, & la raison qu'elles en donnent, c'est que tous ceux qui sont privés de l'ouïe, paroissent beaucoup plus tristes que ceux qui ont perdu la vue. On ne pense pas, quand on porte ce jugement, que l'aveugle, en compagnie, est dans le moment de son triomphe, & que le sourd, au contraire, est dans celui de son humiliation. C'est tout différent, lorsqu'on les voit seuls ; & l'on en devine aisément la cause.

J'allai hier chez vos voisins, qui sont

ici depuis quelques jours, il y avoit tant de monde, que je n'apperçus d'abord qu'un étang. A la fin je démêlai nombre de perſonnes de ma connoiſſance ; mais comme c'étoit un brouas, je pris le parti de me retirer. Il fut beaucoup queſtion de votre goût pour l'agriculture, & de l'embéliſſement de vos jardins. Les uns en blâmèrent le deſſein, les autres l'approuvèrent ; & de tout cela il en réſulte que vous ferez très-bien de ſuivre votre goût. C'eſt être duppe du public, que de ſe conformer à ſes fantaiſies.

LETTRE XIII.

JE ne crois pas qu'il y ait rien de plus fou, que de courir toute la nuit pour faire des voyayes de plaiſir. L'abbé part précipitamment, pour aller voir Nantes, & compte ne s'arrêter que lorſqu'il y ſera rendu. Ne ſeroit-il pas plus naturel de marcher plus lentement & de jouir des beautés que les côteaux de la Loire offrent à la vue ? Mais les

hommes ne se trouvent bien, que là
où ils ne sont pas, & leur impatience
fait qu'ils ne jouissent de rien.

Pour moi, j'aime à profiter de l'as-
pect d'un beau pays, & je regarde tellement ce plaisir, comme faisant partie
des agrémens d'un voyage, que j'arrête
un postillon, lorsqu'il va trop vîte,
afin de contempler à loisir ce qui se
présente à mes yeux. Les courses ra-
pides ne vont bien qu'aux gens d'affai-
rés ; mais on aime à paroître affairé. On
a mis de la vanité jusqu'à courir vîte,
& l'on se vante d'avoir précipité sa
marche, comme on se glorifie de porter un bel habit. Autant de misères hu-
maines qui prouvent toute notre peti-
tesse & tout notre orgueil !

Si jamais nous faisons le voyage que
nous avons projetté, nous ferons trente
poste en trente jours, & nous nous
mocquerons de tous ces élégans qui
courrent à bride abbattue, pour aller
chercher un plaisir qui les fuit. Adieu.

LETTRE XIV.

Je philosophois, l'autre jour, sur le néant des biens de ce monde, & je remarquois que les différens âges de la vie ne sont qu'une succession d'amusemens puériles pour la plûpart des hommes. On nous amuse, pendant l'enfance, avec des dragées, pendant la jeunesse avec des raquettes, des billes, des ballons, & nous nous amusons nous-mêmes, quand nous entrons dans l'âge viril, avec des bals, des festins, des comédies. L'enfant dresse un château de cartes, & lorsqu'il est homme il se bâtit un palais ; & l'un & l'autre de ces édifices devient à la fin le jouet du temps. Celui-ci n'a duré que quelques jours, celui-là que quelques années, & ces jours & ces années, en comparaison de l'éternité, ne sont que des instans.

Considérez les projets qui agitent presque tous les hommes, dit un ancien, & vous n'y trouverez que des chimères qui n'ont pas plus de solidité que les defirs d'un enfant. Leurs pleurs, leurs allarmes, leurs affaires, leurs joies, n'ont pour objet que des futilités. Ils fe paffionnent pour des bagatelles, ils fe confument pour des biens frivoles, dont la jouiffance les rend efclaves & malheureux.

Il n'eft pas concevable combien il y a peu d'êtres raifonnables qui fçachent raifonner ; combien il y a peu de perfonnes qui connoiffent le précieux avantage de jouir de foi-même. Le monde me femble une fourmillière compofée de petits animaux qui vont & viennent, & qui paroiffent dans leurs courfes & dans leurs mouvemens, n'avoir d'autre deffein que de changer de place & de remuer. Les uns fe chargent d'une pierre qui les écrafe ; les autres traînent un fardeau qui les épuife ; ceux-ci fe fatiguent fans autre but que de fe laffer ; ceux-là ne cherchent qu'à tuer le temps qui les tue.

C'eft ainfi que l'ame & l'éternité échappent aux regards de la multitude. On fait l'impoffible pour fe diftraire de ce double objet ; mais nous avons beau tenter, l'ame ne peut faillir, & l'éternité s'approche malgré toutes nos diftractions.

* * *

LETTRE XV.

JE vous trouve toujours dans les plus hautes fpéculations, & je puis dire à ce fujet, que prefque tout le monde eft peuple pour vous. Qu'on eft heureux lorfqu'on élève fon ame jufqu'à cet univers fpirituel qui eft fon élément ! De-là, comme d'une éminence fupérieure aux aftres mêmes, on jette un regard fur cette terre, & on la trouve fi exigue, qu'on la juge indigne de fixer un être raifonnable.

Nos beaux efprits auroient toute une autre idée de la métaphyfique, s'ils fçavoient jufqu'à quel point elle nous fpiritualife, & elle épure nos defirs & nos penfées. Sans les connoiffances qu'elle procure, on ne fait que fe courber & fe traîner.

Votre dernière réponfe eft digne de

B iv

Mallebranche. Il n'a pas mieux écrit ses entretiens. Si vous n'êtes pas content de cet éloge, je renonce à vous en faire.

Le récit de votre entrevue avec l'académicien est vraiment original. Il n'a certainement pas sçu votre nom. J'ai quelquefois goûté le plaisir qu'on éprouve à n'être pas connu. Alors j'entendois dire du bien ou du mal de mes ouvrages, sans qu'on me soupçonnât d'y prendre aucun intérêt. Je me souviendrai toujours qu'une bonne religieuse vouloit me prêter à toute force la conversation avec soi même, comme un livre qui venoit de paroître, & que je n'avois sûrement point vû. Ces méprises amusent infiniment.

L'abbé est absolument déterminé à ne plus retourner chez votre parente. Il dit qu'il aime infiniment mieux rester seul que de fréquenter des personnes dont le visage & les manières sont à la glace; & il a raison. Le véritable esprit de société exige qu'on mette à l'aise tous ceux qu'on reçoit, & si l'on ne se sent pas capable de cet effort, il faut se rendre invisible. On rencon-

tre des gens tellement compaſſés, qu'on
craint de les aborder. Leur maiſon
eſt comme un temple où l'on ne doit
ni rire, ni parler. Pour moi je les laiſſe
jouir, ſelon leur bon plaiſir, de tout
l'honneur de leur gravité; car j'ai grand
ſoin d'éviter tout ce qui reſpire le pé-
dantiſme ou l'orgueil.

LETTRE XVI.

JE ne conçois rien aux procèdés de
notre homme à prétention. Tantôt il
ſe fâche, tantôt il rit; & cette alter-
native ſe fait ſentir d'un moment à
l'autre. La coutume a voulu qu'on
paſſât l'humeur aux femmes, comme
un changement de ſcène dont elles ont
beſoin pour ſe maintenir dans leur
inconſtance; mais cette ſituation n'eſt
nullement tolérable chez les hommes.

On ne ſe donne du relief que par
des manières engageantes, que par une
attention à ne faire paroître d'eſprit,
que ce qu'il en faut pour plaire, ſans
exciter l'envie.

B v

L'homme de société est celui qui sçait écouter, rire, applaudir & parler à propos. Les efforts de mémoire & d'imagination fatiguent beaucoup plus qu'ils n'amusent. Tous ceux que je vois fêtés dans le commerce du monde sont plutôt des personnes ordinaires, que des esprits transcendans. On aime l'unisson, & l'on craint toujours d'être humilié par un homme de génie. *De la complaisance & de la gaieté*, disoit souvent M. de Fontenelle, & chacun sera content.

LETTRE XVII.

JE n'ai pû résister aux sollicitations de l'ami que vous m'avez adressé. Il m'a persuadé de monter dans son cabriolet, & de me rendre au chateau que vous appellez la *folie Françoise*. Il faisoit une de ces journées grises si agréables aux voyageurs, & si favorables aux réflexions. Nous n'avons cessé de discourir sur le célèbre dictionnaire Encyclopédique, qu'on peut nommer l'extrait des bibliothèques, & l'abregé de toutes les connoiſſances. Il y a des morceaux négligés comme dans tous les livres du monde; mais en revanche, il s'en trouve d'admirables, qui immortaliſeront les auteurs.

Votre ami m'a paru au fait de tous les articles qui concernent les ſciences & les arts, il les a beaucoup vantés; mais en ſe plaignant de ce qu'on les avoit quelquefois défiguré par des traits d'irréligion, ou du moins par des inductions contraires aux vérités du chriſtianiſme. Il eſt cependant convenu que les dix derniers volumes qui viennent de paroître, réparoient le vice des ſept premiers, par une attention ſcrupuleuſe, à ne rien dire ſur les dogmes, que de très-exact; & c'eſt ainſi qu'en parlent tous ceux qui les ont lûs. Je vérifierai la choſe par moi-même, dès que j'en aurai le loiſir, & je ſerai charmé de voir que les premiers genies de la nation s'accordent enfin ſur l'article de la religion avec les vrais croyans. Ce ſera le moyen de fermer la bouche à cette ſecte de beaux eſ-

prits, qui prétendent qu'il n'y a que
les imbéciles qui puiſſent admettre la
révélation ; car je ne préſume pas
qu'on oſât taxer de mauvaiſe-foi des
auteurs qui avoient toute la facilité de
s'exprimer librement. Tout nous engage à croire qu'ils n'ont écrit que ce
qu'ils ont penſé ; autrement l'on pourroit dire à ce ſujet, qu'ils ſeroient im-
poſteurs, s'ils n'étoient pas chrétiens ;
& à Dieu ne plaiſe que j'aie jamais cette idée.

Vous m'obligez infiniment, en m'a-
dreſſant, de temps en temps, des perſonnes qui vous ſont chères. Nous aimons à voir les amis de nos amis,
comme des gens, dont le cœur a des
rapports avec le nôtre, & comme des
témoins qui juſtifient notre choix.
Adieu.

* * *

LETTRE XVIII.

Je ne trouve réellement de manières
aiſées, que chez les François. Il faudroit dénaturer les étrangers, pour les

débarrasser de cet air guindé qui les gêne, jusques dans leurs démarches. Jamais un Anglois, ni jamais un Italien, n'en viendront au point d'offrir leur soupe sans façon. Leurs repas, quand ils invitent, sont précédés de je ne sçais combien de cérémonies & d'apprêts.

L'étiquette est la mère de l'esclavage, comme elle est la fille de l'orgueil. Partout où elle règne, on ne trouve que de l'assujettissement & de l'ennui. C'est pourquoi les provinces ont un avantage réel sur la capitale. Les Parisiens, plutôt que d'en convenir, aiment mieux nommer des façons trop bourgeoises, la franchise & la liberté ; mais il n'en est pas moins vrai, qu'on ne vit à l'aise, que lorsqu'on vit sans cérémonial, que lorsqu'on a le droit d'aller comme on veut, & de s'habiller selon son goût.

Les modes, à Paris, donnent le ton, & il faut absolument le prendre, quand on voit la bonne compagnie. D'ailleurs comme on s'y connoît peu, & comme le monde y accourre de toutes parts, les conversations y sont plus gênées &

les liaiſons moins néceſſaires. Les gens de province ayant plus beſoin les uns des autres, ſe voyent plus ſouvent & plus cordialement; c'eſt à tort, qu'on vante la capitale, comme un endroit où l'on eſt perdu dans la foule, & où l'on ne s'occupe ni de ce que les autres diſent, ni de ce qu'ils ſont. Les ſociétés qu'on fréquente deviennent une petite ville où chacun s'entretien de celui-ci & de celui là. La médiſance fait ſi bien ſon compte, qu'elle ne perd jamais rien; mais pourquoi s'en affliger, quand on ſçait que les hommes de tous les lieux aiment à médire? C'eſt une épreuve par laquelle il n'y a perſonne qui n'ait paſſé.

C'eſt vous faire ma cour, que de lâcher quelques mots contre Paris. Le chevalier l'appelle le pays des ſauterelles & des papillons; & à tout examiner, ce n'eſt pas mal le définir.

LETTRE XIX.

IL eſt donc réſolu que le baron ✳ ✳ ✳ ✳
va partir pour les iſles. La mode eſt de
manger ſon bien en France, & de courir enſuite à l'Amérique, pour y manger celui des autres. Je vois, je ne
ſçais combien de jeunes gens, qui
n'ont plus d'autre reſſource que d'aller
au-delà des mers, vivre aux dépens de
ceux qui voudront bien les recevoir.

Quel ſujet de réflexion, que cette
eſpèce de deſtinée qui entraîne tous les
hommes ! Nous agiſſons librement,
mais nous ne faiſons que ce qu'une
providence éternelle a prévu. Les uns
courrent aux extrêmités du monde
chercher de quoi ſe ſuſtenter pendant quelques miſérables années ; les
autres ſe refugient dans la capitale
comme dans le centre des fortunes &
des reſſources ; ceux-ci ſe lancent au
milieu du fer & du feu, &, pour pouvoir
vivre, ſacrifient leur vie ; ceux-là ſe
jettent dans des entrepriſes, font tout

par ambition ; & tant d'agitations & de mouvemens, viennent aboutir à quelques pouces de terre : l'écueil de toutes les intrigues, & la fin de tous les projets,

Cherchez tous ces hommes, qui alloient & venoient avec tant d'ardeur, il n'y a qu'un inſtant. Hélas ! ils n'ont fait que paſſer. Ils ſe ſont tous briſés contre la pierre d'un ſépulchre, & il n'en reſte qu'un ſouvenir qui va tout à l'heure s'effacer. On ne ſe déplace, que pour aller chercher la mort. Tout ce que nous appercevons va devenir l'héritage d'une foſſe qui s'entrouvre, qui ſe referme, & qui eſt le ſéjour de l'horreur & de l'oubli.

Quel coup d'œil pour l'ambition ! ſi l'ambitieux étoit en état de voir.

LETTRE XX.

Vous avez très bien fait en vérité, de ne plus entretenir toutes ces correſpondances qui prenoient tout votre temps. Je plains les perſonnes qui paſsent la vie à écrire des lettres & à en recevoir. Lorsque l'avidité d'avoir des nouvelles dégénère en passion, on n'est plus occupé que des autres, & l'on meurt sans s'être replié sur soi. Il y a des gens qui mettent une telle dignité à tout cequ'ils font, que la plus simple réponse, à une lettre de compliment, leur paroît une affaire de la plus grande importance. Ils s'enferment, & il deviennent invisibles jusqu'au soir. Cela s'appelle être grandement minutieux.

LETTRE XXI.

JE suis bien aise de ce que vous faites entrer votre filleul dans le corps des ingénieurs des ponts & chauffées. Je ne connois point de meilleure école pour la jeunesse. Il se trouvera membre d'une société vraiment utile & respectable, dont les travaux ne cessent de concourir au bien de l'état. Tous les royaumes devroient se procurer une pareille ressource.

Dites — moi, je vous prie, s'il y a

longtemps que vous n'avez entendu parler de notre *oracle*, & là où il est. Je voudrois en avoir une réponse, sur quelque difficulté, que lui seul peut résoudre. J'ai lu son dernier ouvrage. Il est plein de choses, & chaque chose y est discutée avec une sagacité merveilleuse. Je plains ceux qui n'en seront pas contens.

Je sçais quatre ou cinq personnes qui doivent aller vous surprendre & se rendre maîtres de votre château; mais je vous le laisse à deviner. J'approuve, très-fort, les pélérinages qu'on fait chez vous; mais comme on ne s'en revient point aussi joyeusement qu'on y va, je n'ai point assez de courage pour m'exposer au retour.

Le chevalier courre, par le monde, à dessein de retrouver un chien qu'il a perdu. Nous tenons à mille petites misères bien capables de nous humilier; Je ne connois point d'hommes, qui ne laisse échapper des traits de foiblesse. Si quelqu'un en paroît exempt, c'est parce qu'on ne l'observe pas.

LETTRE XXII.

IL ne me feroit jamais venu dans l'i-
dée, que notre *oracle* eut choifi, pour
fa réfidence, une ville de commerce.
C'eft une terre étrangère pour les
fciences & pour les fçavans, & l'on y
eft expofé à n'y entendre que des propos d'intérêt, ou des jugemens peu
refléchis, fur le mérite des ouvrages
& des auteurs. Si l'on avoit la prudence
ce de fe taire, fur ce qu'on ignore; mais
moins on fçait, & plus hardiment on
décide. M. de Voltaire dira fon fenti-
ment fur une pièce de poëfie, avec
beaucoup plus de difcrétion, qu'un négociant qui n'a jamais lû que des lettres
de change.

Cependant, la thèfe feroit trop générale, fi l'on vouloit exclure tous les
commerçans de la claffe des hommes
lettrés. Il s'en trouve, dont le goût
eft auffi fur que délicat; mais comme on ne peut jouir que rarement de
leur fociété, il fera toujours vrai de

dire qu'un ville de négoce, n'eſt pas le ſéjour des ſçavans.

Il faut, aux perſonnes qui compoſent une ſociété, de gens libres, chez qui l'on puiſſe aller philoſopher ſans contrainte. Tout homme qui pompe ſon eſprit pendant cinq à ſix heures dans la journée, a beſoin de promenade & de compagnie. Autrement ſa tête ne tarde point à s'épuiſer, ou ſon imagination ne lui fournit plus que des penſées triviales.

Ceux qui ne connoiſſent ni le travail de l'étude, ni le tourment de la compoſition, croient qu'un auteur doit ſe ſuffire à lui-même, & que c'eſt l'amour de la diſſipation qui l'entraîne hors de chez lui, toutes les fois qu'il ſort ; mais pour peu qu'on obſerve la foibleſſe de l'eſprit & du corps, on convient qu'il faut à l'un & à l'autre, une récréation proportionnée.

Nous n'avons tant d'ouvrages médiocres, que parce qu'en voulant aller trop vîte, on n'a pas pris le temps de ſe repoſer. L'imagination à galoppé, comme un cheval fougeux, & elle n'a pas été au milieu de ſa courſe, qu'elle n'a plus eu de force que pour fe traîner. De-là ces lacunes dans les écrits de tous ceux qui font des débauches de travail. On voit diftinctement les endroits où l'efprit eut dû s'arrêter, pour reprendre une nouvelle vigueur. Il n'y a que les ouvrages fémillans, & qui n'ont que quelques pages d'étendue, qui exigent de la rapidité. Ainfi l'on pouffe un courfier à perte d'haleine, lorfqu'on ne veut faire qu'une ou deux lieues.

C'eft un ftyle en découpure, que le ftyle dont vous me parlez. Il ne fera furement pas fortune chez les hommes que le mauvais goût n'a point encore gâté; mais malheureufement, on ne demande plus d'un livre s'il eft utile, mais s'il eft joliment écrit; ni d'une femme, fi elle a foin de fon ménage, mais fi elle a des agrémens.

LETTRE XXIV.

Dᴇꜰꜰɪᴇᴢ-vous de tous ces hommes qui ne ceffent de mettre en avant leur

confcience & leur probité. C'eft ordinairement une rufe, pour qu'on ne les
foupçonne pas capables de tromper,
& pour le faire enfuite plus facilement.

L'homme honnête, l'homme religieux, fe contente de faire fon devoir,
fans annoncer qu'il le fait. Trop de
précautions font ordinairement un fu-
bréfuge. Je n'aime point les vertus
qu'on met en vedette, ni les qualités
qu'on affiche. Autant d'enfeignes propres à dupper les paffans.

Madame **** eft bien attrappée de
n'avoir été que belle. La petite vérole
vient de lui enlever ce vifage dont elle
étoit idolâtre, & lui apprendre qu'il
n'y a rien de folide ici bas que la vertu.
Elle fe défefpère, & fon époux auffi
frivole qu'elle, n'eft nullement propre
à la confoler. On aura fans doute recours à tous les plâtres & à tous les
fards; car la fageffe eft toujours la dernière reffource.

Le pauvre S. Laurent a péri par fa
faute, on l'avoit mille fois averti de fe
défier de la rapidité du rhône. Mais il
ne fçavoit pas qu'il n'y a pour l'ordinaire, que les nageurs qui fe noient.

L'eau l'a entraîné, malgré tous ses efforts & toute son habileté. Sa famille est inconsolable. Je frémis, quand je pense aux hasards, que nous avons tous à courir. Personne n'est assuré de rentrer chez soi; la vie de l'homme ne tient qu'à un fil, qu'un rien peut couper; & cependant, combien ne l'expose-t-on pas? il est vrai que si l'on en croit celui qui, dans le dictionnaire encyclopédique, a fourni l'article sur la mort, nous avons grand tort de redouter notre dernier instant. Mais comme il nous faut une autre garantie, que l'opinion d'un homme isolé, on continuera sans doute, à craindre le passage du temps à l'éternité.

Rien de plus singulier, je vous l'avoue, que l'assurance avec laquelle cet écrivain ôse assurer, à toutes les nations, que la mort n'est qu'un jeu. Il semble qu'il mourut lui-même l'autre jour; & qu'il vient nous redire ce qu'il a éprouvé, tant il parle avec autorité. C'est être grandement duppe, que d'abandonner toute l'expérience & toute la raison, pour s'en rapporter aux paradoxes d'un particulier, qui n'a pas d'autre certitude que fes rêves. Comme on ne peut fçavoir ce que c'eft que la mort, qu'en mourant foi-même, & que toutes les vérités de la religion nous la font envifager avec tremblement, tout homme qui vient nous dire que la mort n'a rien d'éffrayant, ne doit certainement pas nous perfuader.

C'eft un grand malheur, que de vouloir toujours donner du neuf. L'envie de fe diftinguer du refte des hommes, engendre, tous les jours, une multitude d'inepties. Je voudrois au moins qu'un ouvrage, tel qu'un dictionnaire encyclopédique, citat d'autres autorités que des opinions particulières, quand il s'agit des objets les plus importans. Chaque article devoit être revu & corrigé, par un nombre de cenfeurs exacts & éclairés.

※ ═══════ ❀ ═══════ ※

LETTRE XXV.

Peu s'en eft fallu que l'abbé ***** ne brûlat l'autre nuit, par une imprudence qui n'eft que trop commune. Si l'on

n'étoit

n'étoit venu promptement à son secours, il apprenoit à tous ceux qui lisent dans leur lit, combien cet usage
est périlleux.

Il n'y a qu'une étrange paresse, qui
ait pu introduire cette manie perni-
cieuse, à tous égards, le sang s'échauf-
fe, la vue se fatigue, la tête se lasse,
la mémoire se surcharge plutôt qu'elle
ne s'enrichit; & il ne résulte de toutes
les lectures de lit, qu'un sommeil agité,
qu'un ramas d'idées éparses, qui n'ont
ni suite, ni liaison. Jamais les hommes, qui voulurent devenir sçavans,
n'employèrent cette méthode.

Je pris hier un air de campagne. La
financière qui donnoit un grand dîner,
& qui n'est rien moins que généreuse,
nous fit servir des tourterelles à tous
les services. Le chevalier s'obstina à
n'en vouloir point manger; en disant
toujours qu'elles n'étoient bonnes qu'en
élégie. Cette idée réjouit tous les convives, & l'on partit de là pour tenir les
propos les plus amusans. Il falloit au
moins se dédommager par quelqu'endroit.

Nous avions une petite maîtresse qui

ne fit que parler à l'oreille, fe plaindre
& grimacer. Elle ne fçavoit fi elle devoit fe lever de table ou s'évanoüir;
enfin elle prit le dernier parti, & elle
nous donna le fpectacle d'un de ces
évanouiffemens prémédités, qui fe ter-
minent par un grand éclat de rire. Le
monde eft une belle école, pour apprendre à connoître les ridicules. Comme chacun a le fien, on en voit de toutes nuances & de toutes efpèces.

LETTRE XXVI.

IL y a des gens qu'il faut électrifer,
pour en tirer une parole. Je viens de
quitter un perfonnage qui joue le rôle
de muet tout au mieux. J'ai eu beau
l'interroger, je n'ai pu en arracher
qu'oui & non; encore m'a-t-il femblé
qu'il ne prononçoit ces mots, tout
brefs qu'ils font, que d'une manière
entrecoupée. Il eft bien différent de
notre capitaine, qui lit tout haut lorfqu'il eft feul, afin de n'être pas un
moment fans parler.

Je ne connois que les mathémati-ciens qui doivent être des hommes taciturnes & diſtraits. Auſſi ne man-quent-ils guères de profiter de ce pri-vilège, pour ne prendre aucune part à la ſociété. La géométrie eſt un ab-ſorbant, qui concentre une perſonne en elle-même, de manière à ſuſpendre l'uſage de ſes ſens.

Je m'attendois bien que l'étranger, préſenté par l'abbé, le mettroit à l'é-cart. Cette ingratitude n'eſt pas d'une eſpèce inconnue, quoiqu'elle prouve une ame baſſe. On eſt aſſez générale-ment la duppe des perſonnes qu'on préſente; ſoit parce qu'elles ne répon-dent pas aux politeſſes qu'on leur fait, ſoit parce qu'elles s'inſinuent aux dé-pens de ceux qui les introduiſent. Je n'ai guères vû d'homme reconnoiſſant des liaiſons qu'on lui avoit procurées. Cependant c'eſt un ſervice d'ami, & qu'on ne devroit jamais oublier.

LETTRE XXVII.

Vous avez raison de dire que l'argent est le véhicule de la liberté. Avec
l'argent on fait tout ce qu'on veut,
on se transporte où l'on veut, on se
procure ce qu'on veut ; & sans argent
on est arrêté à chaque desir & à chaque pas. Le chevalier prétend qu'on
ne pense jamais moins à l'argent que
lorsqu'on en a, & que conséquemment
il est bon d'en avoir, pour n'y pas
penser. L'expérience prouve la justesse
de cette réflexion.

Il est bien humiliant qu'une partie
du bonheur de cette vie soit attachée
à une chose aussi vile & aussi mépri-
sable qu'une pièce d'or & d'argent ;
mais ce que je trouve encore de plus
étrange, c'est qu'on acquierre de la
considération à mesure qu'on augmente en richesses. Quelque écus de plus
ou de moins constituent le mérite,
effacent les taches, réparent les torts,
& font la réputation.

Vous ne devez vous en prendre qu'à vous-même, si vous êtes mécontent, de vos fermiers. Vous les traitez avec trop d'égards ; les paysans, les soldats, les écoliers, trois sortes d'êtres à qui il ne faut faire ni tort, ni grace. Plus on les ménage, plus on les trouve indociles.

LETTRE XXVIII.

L'ABBÉ ***** qui avoit galoppé pour courir à Nantes, en est revenu pas à pas. Il n'a pû résister aux charmes de la route, & ses yeux l'ont arrêté malgré lui depuis Angers jusqu'à Orléans. Il ne parle que de Tours & de ses environs. Son imagination & son cœur ont emporté le plan de la *Perraudière*, cette maison enchantée où nous fûmes autrefois, & d'où l'on apperçoit à perte de vûe le plus beau pays de l'univers. Je suis toujours étonné de ce qu'un millionaire n'a pas acheté cet endroit, pour y réaliser ce qu'on nous raconte des palais des Fées.

Il n'auroit eu qu'un tiers de la befo-
gne à faire, la fituation ayant fait les
deux autres.

Vous devriez confeiller à votre ami
qui cherche un pays agréable, de fe
retirer à Tours. Il y trouvera des
mœurs douces comme le climat, &
il y mangera des fruits de la *Babi-
nière*, que notre ami vous a tant
vantés.

Je ne vous pardonne point votre
haine contre le chat, il n'eft réputé
traître, que parce qu'il ne peut s'ac-
crocher fans égratigner, comme il
n'eft taxé d'ingratitude, que parce
qu'il n'a pas de mémoire. Donnez des
griffes au chien, & bientôt vous le
trouverez perfide & méchant.

La collection de livres que veut
faire notre homme parvenu, lui féra
bien inutile. Il vivra au milieu des
in-folio, comme Tantale au milieu des
eaux. Mais il eft d'ufage parmi les gens
riches d'avoir une belle bibliothèque,
comme on a une belle orangerie.

C'eft me faire un cadeau, que de me
donner des nouvelles de votre parterre & de vos fleurs. Ainfi n'oubliez

pas de m'informer de leur magnificence.

LETTRE XXIX.

LE gros mylord vient de partir
pour Londres, à mon grand regret,
vous ne sçauriez croire combien je
suis sensible aux séparations. Quoiqu'accoutumé à changer de climats
j'ai toute la peine du monde à m'arracher aux personnes, & aux pays
que je connois. Mon imagination galoppe après les amis que je quitte,
ou que je vois partir; cela n'est point
étonnant aux yeux de quiconque ré-
fléchit. Tout adieu peut s'appeller le
prélude de la mort.

LETTRE XXX.

VOUS avez raison de dire que
nous sommes tous à l'auberge. Cette
vie en effet n'est qu'un simple passa-

ge, où l'on trouve à peine le temps de se reconnoître ; on va, on vient, & chacun court à la mort.

Les rhumatismes dont vous vous plaignez, ne viennent que d'une transpiration interceptée. Évitez les lieux humides, la rencontre de deux vents, & surtout garantissez-vous contre les fraîcheurs du printemps & de l'automne ; elles sont meurtrières & mille fois plus dangereuses que le froid le plus aigu. Vous êtes encore jeune, mais tout-à l'heure, vous ne le serez plus.

J'ai vû votre homme aux grands airs, qui s'imagine avoir tous les suffrages du public, & qui est lui seul dans la confidence de sa réputation. Il m'a fait l'étalage d'une érudition assommante, & pour aggraver mes maux, il m'a lu une tragédie, où il n'y a ni conduite, ni sentiment, ni versification. Je n'ai répondu que par des bâillemens involontaires, & si j'avois osé, je lui aurois conseillé d'appeller à sa piéce toutes les personnes à insomnies. Il ne s'agit pour être applaudi, que de bien choisir ses auditeurs. Ceux-ci le béniront & crieront à leur réveil, que l'ouvrage étoit divin.

Vous me demandez des nouvelles du fils de Plutus ; mais que voulez-vous que je vous en dise ? Plus il augmente en âge, plus il croît en stupidité. Il refusoit l'autre jour d'être présenté dans une maison, sous prétexte qu'il n'y avoit point encore été. Le chevalier prétend qu'il y a des personnes qui ont deux ames, d'autres qui n'en ont point du tout, & que cela va l'un pour l'autre. Le père est inconsolable d'avoir un tel fils ; mais ne faut-il pas que les riches aient aussi leurs chagrins ? C'est le contrepoids.

Je n'ai fait qu'une connoissance éphemère avec votre docteur. Il va courir si loin qu'il faut renoncer aux avantages d'une correspondance. Ses idées m'ont paru d'une netteté admirable, & sa manière de s'exprimer vraiment séduisante.

LETTRE XXXI.

VOUS faites bien de ne voir que très-rarement le haut & puissant seigneur dont vous êtes actuellement voisin. Un homme qui craint toujours qu'on ne lui manque, est un pauvre homme. Le fils de la financière n'est pas supportable dans la société. C'est-à-dire, qu'il ressemble à presque tous les jeunes gens de ce temps-ci, qui n'ont ni attention, ni politesse, ni maintien. Soit étourderie, soit distraction, il n'a aucuns égards pour les femmes qui en méritent le plus; & il se comporte de manière à faire croire qu'il ne doit rien à personne. L'ancienne politesse étoit génante; mais en vérité, celle-ci est trop libre. Voilà comment on ne sçait jamais tenir un juste milieu.

Le prélat retourne en Italie, ne pouvant s'accoutumer au climat François. Il dit que nous avons huit mois d'hyver, & quatre de mauvais temps. Il est vrai, qu'excepté juin, juillet &

août, on fait ici du feu dans tout le cours de l'année ; mais au moins est-il certain que ce n'est ni la faute des religieux, ni celle des financiers, quoiqu'il n'y ait point de mal qu'on ne leur attribue.

LETTRE XXXII.

L'HOMME est trop sublime pour n'avoir d'autre avantage, qu'une vie commune avec la mouche & le ciron. Ainsi, quoiqu'en dise notre matérialiste, ses objections ne font que des rêves, que le libertinage réalise. J'éprouve, à chaque instant, combien mon ame est différente de mon corps. Cent fois le jour ma pensée se sépare de moi-même, & va faire le tour du monde, sans que la matière y prenne part. Mes sens sont endormis, lorsque je rêve, & mon ame n'en agit pas moins. C'est elle qui voit alors, qui parle, qui entend, lorsqu'en sommeillant, je m'acquitte de ces fonctions.

Je ne veux que l'homme opposé à

lui-même, pour le convaincre de la spiritualité de son ame. Qu'il se voie, qu'il s'interroge ; & je suis bien assuré qu'il reconnoîtra que son esprit n'est pas son corps, & que cette chair qui l'environne n'est qu'un instrument dont l'ame se sert, pour communiquer ses affections & ses pensées. Je ne trouve pas moins d'absurdité à identifier l'ame avec le corps, parce que l'un ne peut agir sans l'autre, qu'à confondre un cavalier, avec son cheval ; un pilote, avec son navire, parce qu'ils se prétent secours réciproquement.

En revenant de la campagne, je me suis détourné d'une lieue, tout exprès, pour aller voir l'agréable vieillard. Je l'ai trouvé, jouant au piquet, avec deux de ses voisines. Il a interrompu son jeu, & ma fait mille excuses, de ce que quatre-vingt onze ans, qui le gardent à vue, l'empêchoient de venir me visiter. Je l'ai félicité sur son bon visage ; & il m'a répondu que les trois quarts de ce compliment appartenoient au valet de chambre qui venoit de le raser, & qu'il n'avoit plus absolument pour lui, que les jours de barbe. Je crois que ſes gens, ſes chevaux & ſa perſonne, font au moins mille ans; & voilà pourquoi le chevalier appelle ſa maiſon une collection d'antiques.

L'attention que vous avez de faire connoître à votre couſin tous les états qui peuvent lui convenir, en lui détaillant, en même temps, quels en font les avantages & les inconvéniens, devroit ſervir d'exemple à tous les pères. Il n'y auroit point de vocation forcée, & chacun rouleroit dans ſa ſphère.

LETTRE XXXIII.

JE commence dès aujourd'hui à faire du feu, & ſelon mon uſage, je ne le quitterai que le plus tard que je pourrai. Chaque ſaiſon a ſes plaiſirs. Celui de tiſonner en philoſophant, vaut au moins la promenade, L'action continuelle d'un feu qui étincelle, qui pétille, & qui prend diverſes formes, tient lieu de compagnie; & c'eſt par cette raiſon que les chartreux préfèrent l'hiver à l'été.

Donnez-moi, diſoit la Bruyère, à ſes amis, des plumes, de l'ancre, du papier, des livres & du feu, & je vous tiens quitte du reſte. Il ſçavoit, par expérience, que rien n'eſt comparable au plaiſir qu'on goûte en hyver, lorſqu'en face d'une brillante cheminée on excite ſon eſprit, à meſure qu'on réchauffe ſon corps.

Il ſemble qu'on travaille avec plus d'ardeur, dans un temps où l'on ne peut être mieux que chez ſoi, & où le recoin qu'on habite, paroît conſerver la chaleur de l'été, au milieu d'une terre couverte de glaces & de frimats. Vous allez perdre votre procès, vous monſieur habitant de la campagne ; & nous allons le gagner, nous habitans des villes. Il eſt juſte que chacun ait ſon tour. Vous m'inſultiez ce mois de juillet, & vous me reprochiez avec fierté mon langoureux ſéjour au milieu des murailles & des édifices ; je n'uſerai pas de repréſailles ; mais du moins convenez que j'ai beau jeu. Cependant je n'inſiſterai pas davantage ſur cet article, car le temps va ſi vite, qu'à peine aurois-je étalé mes raiſons, & mes triomphes,

que le printems reviendroit vous donner gain de caufe.

Je ne négligerai rien pour réuffir
dans la petite affaire dont vous me
chargez. On ne peut mieux faire fa cour
à l'amitié, que de lui fournir des occa-
fions de fe manifefter. Si j'ai quelque
chofe à vous reprocher, c'eft que vous
épargnez trop vos amis. Il feroit bien
fingulier qu'ils fuffent à la glace pour
vous, tandis que vous êtes tout de feu
pour eux. Adieu.

LETTRE XXXIV.

QUAND je n'aurois pas été convaincu
que la fageffe eft bonne à tout, la conduite de M. de ***** me l'auroit parfaitement prouvé. Depuis qu'il a fait di-
vorce avec le libertinage, il jouit de la
meilleure fanté. Il ne connoît plus ni
ces douleurs de têtes, ni ces maux d'eftomac, qui ne ceffoient de le tourmenter. Chaque vice porte, dès cette vie,
fa punition ; comme chaque vertu fa
récompenfe. Combien l'homme in-

tempérant ne paye-t-il pas ſes excès !
La goute, la gravelle, la pulmonie ;
les remords ſont ordinairement le ſa-
laire de ſes déſordres.

On eſt aujourd'hui vieillard à trente
ans, parce qu'on entaſſe plaiſirs ſur plaiſirs ; & l'on n'eſt pas au milieu de ſa carrière, qu'on tombe dans l'hypocondrie. Il ne reſte plus rien à eſpérer que
le dégoût & la ſaciété, quand on a ſuivi
ſes deſirs ſans retenue. Le plaiſir eſt le
plus grand meurtrier du genre humain.

S'il eſt vrai que l'auteur dont vous
me parlez s'abſtient des bals, des ſpectacles, des jeux ; qu'il fréquente les
égliſes, qu'il obſerve exactement les
jours de jeûne & d'abſtinence, qu'il
ſoutient les intérêts de la religion, lorſque la circonſtance l'exige ; qu'enfin il
fait ſa compagnie des perſonnes les plus
ſçavantes & les plus pieuſes ; il me paroît qu'on l'accuſe à tort, d'avoir une
conduite qui dément ſa morale. Ce
n'eſt ni un péché, ni une pécadille, d'ê-
tre gai, dit M. de Fenelon ; mais ſouvent
il ſuffit de rire devant les petits eſprits,
pour être regardé comme un homme
indévot. Ils mettent tout à l'extrême.

Je n'ose vous dire des nouvelles de M...... Il a quitté le service pour traîner une ignominieuse exiftence, & pour faire enrager tous ceux qu'il fréquente. Je me place toujours à l'oppofite de l'endroit où il eft, ne voulant ni l'écouter, ni lui parler. C'eft un flux de paroles qui ne finit point, une audace à dire tout ce qu'il ne fçait pas, comme tout ce qu'il fçait : le chevalier le nomme un avanturier de fociété, qui fe préfente par-tout où il n'eft point appellé, & qui fe jette dans la converfation à tort & à travers, pour tyrannifer tous ceux qui l'entendent & qui le voient.

Je ne m'aviferai fûrement pas d'aller à D........; c'eft bien affez d'y avoir paru une fois dans fa vie. On n'y trouve que de l'ennui ; & quoi encore ? de l'ennui ; & malgré le nombre des habitans du lieu, on ne fçait que devenir, dès l'inftant même qu'on fe lève ; à moins qu'on ne boive ou qu'on ne joue. Les livres n'y font pas plus connus qu'en Turquie, & c'eft infulter les hôtes que d'y paroître fçavant.

J'ai trouvé là votre ancien procureur, qui, gros, gras, grand comme à l'ordinaire, ne s'occupe que de sa digestion. Il ne m'a entretenu que de bonne chère, & du plaisir qu'on goûte dans une maison où les maîtres font friands. Je crains qu'il ne paye bientôt l'intérêt de sa gourmandise, par une foudroyante apoplexie.

Nous allâmes visiter des Religieuses qui sont dans le voisinage. Il étoit désolé de ce qu'elles ne nous offrirent ni confitures, ni biscuits; & il pesta beaucoup contre *ververt*, qu'il assûre avoir été cause de ce changement. Il est vrai que depuis qu'il a paru, il n'y a plus de collations aux parloirs.

LETTRE XXXV.

LE mérite parasite est plus commun que vous n'imaginez. On prend à droit, & à gauche, tout ce qu'on peut pour briller ; encore si l'on puisoit dans les sources, mais il y a des fripperies pour ceux qui ne sçavent rien, comme il y en a pour ceux qui font mal vêtus.

La pitoyable converfation dont vous me parlez, nous prouve que l'efprit de fociété fe perd réellement parmi nous. On veut fe rendre indépendant, & l'on hazarde tout ce qui plaît ; on ne connoît plus ce fage difcernement qui règloit les difcours felon les perfonnes : il a paffé en coutume de voir nos jeunes gens à la mode, fe moquer de la vieilleffe, en préfence des vieillards ; dire des équivoques aux femmes les plus décentes ; entretenir des prêtres de propos fcandaleux.

Le grand art du fçavoir vivre confifte à fe conformer aux ufages des temps & des lieux, à ne rien dire que ce que la difcrétion permet, à ne rien faire que ce que la bienféance autorife. Je ne vois perfonne qui en connoiffe mieux les règles que le comte de .... comme il eft honnête, comme il eft circonfpect, fans être minutieux & guindé ! Il a l'efprit de tout le monde, quand il fe trouve en compagnie. Je l'ai vu parler jurifprudence avec les magiftrats, guerre avec les militaires, religion avec les religieux, modes avec les femmes, de manière à les charmer. Nos jeunes gens auroient grand befoin d'aller à fon école, eux qui fe font gloire de choquer la bienféance à tout propos.

On s'eft malheureufement accoutumé à juger des perfonnes par les habits; eh! qu'importe au fage qu'un homme foit vétu de blanc ou de noir, qu'il porte perruque ou capuchon, pourvû qu'il ait du mérite & des talens. C'eft la tête que je confidère dans un homme, dit Sénèque, & non la coëffure ou la tunique; mais c'eft par la raifon qu'un philofophe parloit ainfi, que nos étourdis doivent tenir un autre langage.

Le chevalier fe rencogne je ne fçais où, & de manière que je le vois affez rarement. Peut-être le fait-il exprès, pour me faire fentir davantage tout ce qu'il vaut. Il eft vrai qu'il m'a dit quelquefois qu'il avoit par-ci, par-là des accès de myfantropie, comme les autres en ont de diffipation.

L'action de votre curé me paroît au-deffus de tout éloge. Se jetter au

milieu de la rivière pour fauver la vie
d'un pauvre mandiant ; ce trait n'eft
pas commun. Il n'a pas fait comme le
nègre de M.***, qui voyant fon
maître tomber dans l'eau, commença
par aller à confeffe, & ne vint à fon
fecours, que lorfqu'il étoit noyé.

<hr>

LETTRE XXXVI.

JE vous avoue que j'ai de la peine à
contenir mon indignation, quand je
vois l'homme qui n'eft rien, vouloir contrôler les œuvres de celui qui
a tout fait, & qui peut tout. Nous ne
connoiffons pas ce qui eft à nos pieds,
& nous voulons nous élever jufqu'au
trône d'un Etre immenfe & infini. Je
fors de lire un de ces mauvais ouvrages du temps où l'auteur donne dans
tous ces écarts. Il établit fa raifon
pour juger, & il prononce avec la
même affurance, que s'il avoit été
choifi pour être le confident des volontés du Très-Haut. Le chevalier appelle plaifamment ces fortes d'écrivains ;

Les premiers fécretaires de la Cour cé-
lefte. On ne peut en vérité mieux faire
que de les ridiculifer.

Tout homme qui ofe lutter contre
les vérités éternelles, eft un enfant
qui prend une poignée de pouffière,
qui la jette contre le foleil ; & qui rit
enfuite d'un tel exploit. Je ne fçais ce
que penfe mon femblable, & l'on veut
fçavoir quelles font les penfées de Dieu!
Ne reviendra-t-on point de cet égare-
ment, & ne conviendra-t-on jamais une
bonne fois, qu'il n'y pas moyen de pouvoir fonder les voies d'une fageffe fans
bornes. Il y a long-temps que nous
devrions être corrigés de toutes ces
folles tentatives. Les fiècles précé-
dens n'ont-ils pas dû nous apprendre
qu'on perdoit fa réputation, fon ame
& fon temps à vouloir pénètrer les
fecrets de l'éternel ?

Nous ne valons fûrement pas mieux
que les anciens, en mérite & en
fçavoir ; s'ils n'ont pû deviner ce que
Dieu nous a caché, par quel ftrata-
gême le devinerons-nous ? Avons nous
fait une échelle qui puiffe arriver jufqu'au-delà des cieux ? Hélas ! non.

Nous sommes simplement descendus jusqu'aux bêtes, en nous disant de même nature qu'elles, & voilà comment nous avons crû monter jusqu'au trône inaccessible. Il ne reste à l'esprit fort, après toutes ses recherches & toute sa confiance, que la honte d'avoir voulu mesurer ce qui est incommensurable, que le désespoir d'être beaucoup moins avancé que le paysan qui croit simplement un Dieu, & qui l'adore.

S'élancer du sein d'un Etre fini, pour arriver jusqu'à l'infini ; il n'y a dans cet effort ni proportion, ni justesse, ni comparaison ; & conséquemment cette entreprise est celle d'un fou. L'homme qui n'a point d'ailes tenterat-il de s'élever au milieu des airs ? Je regarde l'incrédulité comme une maladie qui ôte l'usage de la raison, en laissant croire à celui qui en est attaqué, qu'il est plus raisonnable que jamais. Tous ceux que j'ai connus sujets à ce mal, n'extravaguoient que lorsqu'ils venoient à parler de la religion. Hors de-là, leur esprit se remettoit à sa place, & l'on étoit enchanté de ce qu'ils disoient, soit en prose, soit en poésie.

On ne parle point impunément contre les dieux, dit Marc-Aurele, les
railleries même qu'on ose faire sur leur
compte, sont la plus terrible punition, parce que c'est une preuve qu'on
en est abandonné. Que de chrétiens
qui ont le malheur de ne pas penser
comme cet honnête payen ?

LETTRE XXXVII.

Vous me permettrez de vous dire,
que c'est commettre la plus grande
imprudence que d'annoncer le jour de
son arrivée à un parent, ou à un ami.
Il y a tant de hazards à courir lorfqu'on voiage, tant de circonstances,
dont la moindre peut déranger un
projet, qu'on risque de ne pas tenir
parole, & de causer les plus vives
allarmes. Il falloit marquer tout simplement qu'on vous verroit dans le
courant du mois, & vous n'auriez inquiété personne. C'est se donner des
entraves, que de s'assujettir à l'heure
& au moment.

M.

M. * * * * * arrive de la Suisse, où il a séjourné quelque temps. Il ne cesse de se répandre en éloges sur les excellentes qualités des habitans. On trouve parmi eux des hommes pleins de connoissances & de talens, & il règne dans leur commerce une cordialité qui charme l'étranger. Tous ceux que j'ai eu occasion de fréquenter, soit ici, soit ailleurs, m'ont paru dignes des louanges qu'on leur donne. Ce n'est pas un petit phénomène de voir si près de nous une nation toute entière, que la frivolité n'a point encore atteint. Il faut espèrer que la forme de son gouvernement continuera à l'en préserver.

Enfin le chevalier s'est fait voir, mais si rapidement, que je n'ai pas eu le temps de lui parler. Sans doute il reviendra, & alors je ne le laisserai point échapper, qu'il ne m'ait régalé de quelques bonnes plaisanteries. Il veut vivre à sa façon, & il fait bien. La liberté est la fortune des gens d'esprit; ils la préfèrent à tous les honneurs, & il faut avouer qu'il n'y a rien de plus charmant, tant qu'on n'en abuse pas.

Tome II, D

C'eſt une étrange mépriſe que de confondre le libertinage avec la liberté , & cependant comme elles ſont limitrophes , cette erreur n'a que trop ſouvent lieu. L'homme voluptueux eſt un homme enchaîné. On n'eſt vraiment libre , que lorſqu'on maîtriſe ſes paſſions ; le monde eſt rempli d'eſclaves , parce que l'ambition le gouverne.

Nous n'avons de domaine réel , à proprement parler , que ſur nos paſſions & ſur nos ſens , tout le reſte nous eſt étranger, néanmoins, & malgré une poſſeſſion ſi peu étendue , nous avons toute la peine à nous faire obéir. Le corps eſt un tyran qui ne cherche qu'à ſubjuguer l'ame , qu'à introduire en nous-mêmes une funeſte anarchie ; & ce qu'il y a de plus cruel, c'eſt que , lorſque ce malheur arrive , la plupart des hommes ne s'en apperçoivent pas.

LETTRE XXXVIII.

L A patrie eſt une mère à qui l'on doit
compte de ſes talens, de ſes travaux
& de ſes mœurs ; ainſi je trouve que
votre ouvrage, ſur cet objet, ſera parfaitement rempli. Il eſt à propos de
faire voir qu'on n'eſt citoyen qu'à demi, lorſqu'on ſe permet des écarts, ſoit
dans les études, ſoit dans la conduite.
Nous naiſſons enfans de l'état ſi-tôt
que nous ouvrons les yeux à la lumière, & nous lui devons, ainſi qu'au
prince qui le gouverne, le ſacrifice de
nos biens, de nos ſueurs, de notre liberté, de notre vie.

Ainſi tous ceux qui compoſent des
ouvrages dangereux ſont de mauvais
patriotes. On peut offenſer la patrie
de mille manières différentes. Cette
queſtion n'a point encore été bien diſ-
cutée ; mais je ſuis bien ſûr qu'elle ne
nous laiſſera rien à deſirer, quand nous
aurons lû vos réflexions.

Ce que vous dites du Roi me pa-

roît admirable, & parce qu'il est digne
lui-même de tout notre amour, & de
toute notre admiration, & parce que
vous traitez cet article avec toute la
majesté qui convient. L'ame se dilate
toutes les fois qu'on parle d'un bon
prince, & il n'y a rien de plus capable de rendre un acteur éloquent, que
l'idée d'un Monarque bien-aimé.

LETTRE XXXIX.

Votre voisine rendra sa fille imbé-
cille, à force de vouloir la perfectionner. S'il est dangereux de permettre
tout aux enfans, il ne l'est guères moins
de toujours les gronder. Peu de parens
sont en état de donner une bonne
éducation ; ou ils usent d'une trop
grande indulgence, ou d'une trop
grande sévérité. Les enfans élevés ty-
ranniquement s'abbrutissent, où s'en
vangent par la méchanceté.

Vous avez beau me faire l'éloge de
M. de * * * *, il est si bouru, que ce
défaut dépare ses bonnes qualités. Je
renoncerois pour jamais à la société,

ſi l'on n'y trouvoit que des perſonnes de cette eſpèce, & je prendrois plutôt pour compagnie, des colombes & des agneaux.

On ne peut trop exalter la douceur, & l'on ne peut trop ambitionner d'être doux. Cette vertu ſuppoſe une belle ame, ainſi que le calme des paſſions. Les hommes en ſont ſi convaincus, qu'on ne ſouffre plus de tapageurs dans les troupes. Ils y ſont regardés comme des tempêtes qu'il faut éviter avec ſoin. Ces fanfarons, qui ne parlent que d'attaques, d'eſcrimes, de duels, qui ſe mettent en défenſe contre chaque mot qui ſe dit, n'ont plus d'autre aſyle que les tripots.

Il eſt fâcheux pour un galant homme d'avoir une phiſionomie pétulante. On aime à voir ſur un front de la candeur & de l'aménité. A peine un viſage riant ſe fait-il appercevoir, qu'il gagne tous les cœurs. Je n'ai jamais pû concevoir le plaiſir qu'on trouve à contredire & à quereller. Cependant le monde eſt rempli d'eſprits cauſtiques & pointilleux, qui ne ſont jamais à l'uniſſon que de leur mauvaiſe

humeur, qui aimeroient mieux expirer que de céder, & qui ne vivent
que pour être le fléau, non de leurs
amis, car fûrement ils n'en ont point,
mais de leurs parens, & de leurs gens.

J'ai enfin raccroché le chevalier, &
je lui ai fait les reproches les plus
amers fur fon invifibilité. Sa réponfe
a été que les mœurs du fiècle étoient
fi *frelatées*, qu'il y avoit fi peu de ca-
ractères d'un bon *acabit*, qu'il ne rif-
quoit que de beaucoup gagner, en ne
voyant plus perfonne. Il étoit habilé
comme au fort de l'été, & il m'a dit
pour fe juftifier, qu'il ne vouloit
être ni le valet des modes, ni celui
des faifons; il m'a femblé entrevoir
dans toute fa converfation, qu'il travaille à quelqu'ouvrage, & qu'il ne
s'exile de la fociété, que pour avoir
plus de loifir. Si cela eft, nous ne tar-
derons point à en être informé. Il eft
trop vif pour fuivre le confeil d'Horace. Il ne gardera fûrement pas un ma-
nufcrit pendant neuf ans avant que de
le mettre au jour.

Son imagination bouilloit comme
un pot au feu. Elle l'a féduit au point

de lui laiffer croire qu'il n'étoit que
fix heures lorfqu'il m'a quitté, quoiqu'il en fut neuf fonnées. Il n'y a pour
lui ni temps, ni lieu quand il eft en
train de difcourir.

LETTRE XL

L ES rêves inquiètans dont vous vous
plaignez, viennent d'une bile enflam-
mée, où d'un fang échauffé. Il y a
quelques années que je me trouvois
dans cet état, & tous les enterremens
poffibles s'offroient à ma vue, & tous
les précipices s'ôuvroient fous mes
pieds. Les calmans furent le feul remède qui diffipa ces illufions noctur-
nes, & qui me rendit le repos.

Notre differtateur infatigable, qui
laiffe partout où il paffe la migraine &
l'ennui, vous a donc gratifié d'une vifite de trois jours. Sans doute il vous aura
promené dans toutes les républiques &
dans tous les empires, pour étaler fon
orgueil & fon infipide érudition. Dieu
veuille qu'il vous ait fait grace de fes

D iv

lieux communs contre la religion & contre le clergé. Quand il entame ce chapitre il n'y a point d'abfurdité qu'il ne débite. J'étois l'année dernière d'un grand dîner où il fe trouva ; & je le voyois à l'affue de tous les mots qu'on difoit, pour pouvoir en faifir un qui lui donnat lieu d'enfler fes phrafes, & de mettre au jour fes paradoxes furannés. Il ne trompe plus les fots ; mais heureufement pour lui ,ils ne manqueront pas fi-tôt.

Si vous allez paffer quelques femaines à Nevers , vous aurez l'avantage de vous entendre appeller bien des fois par votre nom. Les gens de province ont pour ufage de ne jamais aborder une perfonne fans la nommer. On fe contente à Paris de dire bonjour monfieur ; mais dans préfque toutes les autres villes on dit bon jour monfieur un tel. C'eft ainfi que les grands & ceux qui font leurs finges , affectent de parler à un homme ordinaire.

Vous vous fouviendrez que nous fommes convenus qu'on s'écriroit même en voyage ; ainfi n'allez pas manquer à la convention,

LETTRE XLI.

JE recommande à cette lettre de ga-
lopper après vous tant qu'elle pourra.
Vous me direz s'il vous plaît là où elle
vous aura joint.

J'avois raifon de vous marquer que
le chevalier méditoit un ouvrage. Il en
fait un qui fera auffi fingulier que lui,
& qu'on pourra mettre dans des archi-
ves à titre d'original.

N'allez point à d'autre qu'à M. d'A-
lembert, fi vous avez des problêmes de
mathématiques à réfoudre. Les fiècles
ne reverront de long-temps un auffi parfait géomètre.

Auriez-vous abandonné l'agriculture? Vous ne m'en parlez plus. J'en
ferois fâché pour le bien de vos terres
& pour l'honneur de vos jardins.

Madame de * * * * * * marie fa fille
à un brigadier des armées du Roi. On
n'a jamais vû dans des nôces moins d'apprêt & moins de cérémonial. On en a
banni toutes ces figures attrabilaires, &

D v

tous ces collets montés, qui n'ofent ni rire, ni parler, & qui déparent toutes les affemblées où l'on a le chagrin de les appercevoir.

Je fçais très-bon gré à l'abbé, de ce qu'il s'applique à modemifer quelques livres qui avoient vieilli. Nos bibliothèques contiennent en ce genre des trefors, mais qu'on relègue parmi les bouquins, parce que le ftyle n'en eft pas fupportable.

Nous avons plus de méthode que tous ceux qui écrivoient il y a un fiècle & demi ; il feroit à fouhaiter que nous euffions leur profondeur & leur fécondité. Nous comparons peu, & nous citons encore moins.

Les étrangers voudroient qu'on rajeunit Montaigne. Ses expreffions gauloifes les déroutent, de forte qu'ils ne peuvent le fuivre; mais Montaigne ainfi habillé de neuf perdroit à nos yeux les trois quarts de fon mérite. La plûpart des chofes qu'il dit, tirent leur force de la manière dont il les dit.

J'arrête la plume malgré moi, pour ne pas vous diftraire dans un temps de voyage & d'affaires. Adieu.

LETTRE XLII.

Nos lettres se font croifées, mais qu'importe? Comme nous ne nous mêlons d'arrager ni le monde, ni l'état, nos dépêches n'ont heureufement rien qui preffe. Le nombre des faifeurs de projets eft affez multiplié, fans fe mettre fur les rangs pour l'augmenter. On n'a jamais tant parlé de réforme & de refonte que depuis qu'on imprime tout ce qui paffe par la tête.

Je vous crois maintenant occupé à débrouiller de vieux parchemins, pour fçavoir enfin fi vous donnerez de l'argent, ou fi vous en recevrez. L'argent procure bien des avantages, mais, en même-temps, qu'il caufe de peines & d'embarras! Soit qu'on le tire du produit d'une terre, foit qu'on le touche par les mains d'un payeur de rentes, on ne l'arrache qu'avec effort. Les certificats, les quittances, les retardemens, enfin toutes les formalités exigent, je ne fçais combien d'allées & de venues.

D vj

de précautions & de soins, qui nous feroient sans doute renoncer à l'argent, s'il n'étoit un mal nécessaire. Presque tous les hommes ne sont malheureux que par rapport à ce futile métal. Il accable ceux-ci d'un énorme poids, il se dérobe à ceux là, comme à des personnes indignes de le posséder ; & riches, pauvres, prodigues, avares, tous se ressentent des peines qu'il cause.

Il n'y a point d'objet auquel on pense plus souvent qu'à l'argent. Il met en mouvement toutes ces personnes que nous voyons travailler, & presque toutes celles que nous voyons courir, soit en équipage, soit à pieds ; comme agent des plaisirs, il a tué bien du monde ; comme remède aux besoins, il en a bien fait vivre. Sa privation est cruelle, sa possession souvent funeste. Les jeunes gens ne l'emploient qu'à des futilités, les riches qu'à des superfluités, & de cette double folie, il en résulte un avantage réel pour le commerce & pour l'état.

Je vous laisse au milieu de ces réflexions que vous étendrez, ou que vous corrigerez selon votre bon

plaisir. Je vous soumet toutes mes pensées, comme à la personne qui pense
le mieux.

<hr>

LETTRE XLIII.

DES naissances, des mariages, des
enterremens, quelques joies, quelques
plaisirs, beaucoup de chagrins, beaucoup de douleurs : voilà le cours du
monde ; voilà le fort de la vie. On sou-
pire en entrant sur cette terre, on sou-
pire en s'en allant, & ce qui se trouve
entre ces deux intervalles, n'est à parler exactement, que peine, agitation,
embarras. La volupté est toujours voisine de la douleur, comme la santé de
la maladie ; l'on souffre & l'on s'incommode pour peu qu'on fasse le moindre excès.

A quoi tout ce préambule aboutit-
il ? à vous dire que mademoiselle
de ***** se meurt, & que, malgré
tous ses biens, tous ses agrémens &
tous ceux qui la recherchent, comme
le plus excellent parti, elle va descen-

dre dans un lieu qui la féparera de tout l'univers. Il n'y a pas de diftance comparable à celle qui fe trouve entre une foffe & le refte du monde. On reçoit des nouvelles des extrêmités de la terre ; mais c'eft le filence même qu'un tombeau. En vain des amans éplorés pouffèrent les cris les plus aigus autour des urnes & des maufolées, ils n'eurent réponfe que des écho.

Il eft furprenant que depuis le temps qu'on meurt, nous n'ayons pu encore nous accoutumer à apprendre, fans étonment, la mort de ceux que nous connoiffons. Cela nous paroît toujours étrange ; cependant, à voir la ftructure de notre corps, nous devons moins nous attendre à vivre qu'à mourir : auffi puis-je vous affurer que je ne me retrouve tous les matins à mon réveil, qu'avec une efpèce de furprife. Je fçai que j'ai couru tant de dangers pendant la nuit, & que tant de perfonnes meurent fubitement, que ce fouvenir me frappe & m'effraye.

Si je vous parle fi fouvent de la mort, c'eft qu'elle nous donne fouvent occafion d'en parler. Il n'y a guères de circonſtances qui ne nous la rappelle, malgré notre attention à en écarter l'idée. Nous mourons à des amis que nous ne reverrons plus, à des pays où nous ne retournerons plus, en attendant que nous mourrions à tout cet univers, ainſi qu'à notre propre corps. Vous étes aujourd'hui à Nevers, & demain vous n'y ſerez plus ; telle eſt la vie : une ſucceſſion d'événemens qui nous rappellent notre derniere fin.

LETTRE XLIV.

U N homme charmant eſt un homme qui joue, & malgré tout votre mérite, vous aurez paſſé pour le plus triſte perſonnage, dès que vous n'avez pas joué. Nous ne ſommes plus au temps où l'on s'empreſſoit de connoître les gens à talens, où l'on recherchoit leur conſeil & leur ſociété. Il y a maintenant tant d'eſprits répandus, que chacun s'imagine n'avoir beſoin que de lui-même, pour juger des ſciences & des ſçavans. Quiconque a lu dix ou douze brochures & autant de comédies; & qu'eſt-ce qui n'a pas fait ce vaillant effort, prend le ton déciſif, & brave par orgueil, les hommes d'une réputation diſtinguée, au lieu d'écouter leurs avis avec docilité.

Croiriez-vous que l'Abbé *****, cet homme ſi connu dans la république des lettres, paſſe ſes jours preſque ſeul, dans la ville où il s'eſt retiré? On a d'abord voulu le voir, comme la curioſité, & enſuite on l'a laiſſé là. C'eſt une ſotte choſe que la vanité, elle perſuade aux petits eſprits qu'il y a de l'humiliation à reconnoître chez les autres de la ſupériorité.

Faiſons le complot d'aller quelque jour enlever l'Abbé, il eſt notre ami commun, nous le tranſporterons dans un autre pays, où l'on ſçaura apprécier ſon mérite, & où il ſera recherché. Je connois au moins douze villes dans le Royaume où les habitans s'empreſſeront de le voir & de le fréquenter.

Il a grand tort de n'avoir pas vêcu un ſiécle plutôt; les perſonnages les plus qualifiés prévenoient alors les écri-

vains connus ; mais l'orgueil aujour-
d'hui , ne permet plus de telles démarches.

LETTRE XLV.

Vous voilà donc rendu à vos dieux
pénates ; je m'en réjouis avec vous : il
n'eſt pas agréable de voyager quand
on souffle dans ſes doigts.

J'étois ſûr du gain de votre procès ,
parce que je ſçais que vous n'en ſou-
tenez qu'à bon droit. Tous vos amis
me chargent de vous en faire leur compliment. Vous auriez eu plus de vingt
lettres ſi je ne les avois arrêtés.

Je ne m'étonne nullement de la
magnificence qu'on à vu briller au mariage du conſeiller ; les avares , pour
qu'on ne les ſoupçonne pas de lézine ,
ont toujours les plus belles nôces & les
plus beaux enterremens ; mais ils ne
trompent perſonne , on ſçait que tout
ce qui eſt oſtentation , n'eſt pas gé-
néroſité , & que c'eſt beaucoup plus
dans les détails domeſtiques , que

dans les actions d'éclat qu'on reconnoît l'homme généreux.

On n'a pu mieux faire que d'envoyer votre cousin à Jully ; l'éducation y est excellente, & s'il sçait en profiter, comme je l'espère, il en reviendra propre à choisir un état, & solidement vertueux.

LETTRE XLVI.

JE sors d'une maison où l'on n'a cessé de déclamer contre les religieux. Le public est injuste à leur égard ; car, où ils ont été sacrifiés par leurs parens, & en ce cas ils sont à plaindre, où ils se sont volontairement sacrifiés eux - mêmes pour faire plus surement leur salut, & alors, on ne peut les considérer que comme des philosophes chrétiens, qui méritent des éloges. S'ils ont dégénéré de leur première vertu, qu'on les réforme, mais qu'on ne les injurie pas. Les injures ne furent jamais des raisons. Ce qu'il y a de plaisant, c'est que ceux qui crient le plus haut contre le célibat, sont eux-mêmes célibataires.

Je ris quelquefois, je vous l'avoue, de la conduite qu'on tient à l'égard des moines : donnent-ils à manger, on crie contre leurs richesses ; n'invitent-ils personne, on les taxe d'avarice ; parlent-ils le langage de la religion, on les traite d'hypocrites ; prennent-ils un air de gaieté, on leur en fait un crime.

Il résulte néanmoins de toutes ces contradictions, que lorsqu'on a quitté le monde, on ne doit plus y reparoître ; qu'un moine n'est bien placé qu'au sein de la solitude & dans le centre des livres.

J'ai lu avec plaisir, dans le Dictionnaire Encyclopédique, qu'on y rend justice à la congrégation de S. Maur, comme ayant produit des sçavans, dont les travaux sont aussi glorieux qu'utiles à l'état. Cette société sera toujours une pépiniere d'hommes illustres, tant que les supérieurs auront soin d'y conserver le goût de l'étude, & d'y entretenir l'émulation ; mais il seroit à souhaiter que le gouvernement assignât à ces religieux, des tâches à remplir, comme des histoires de provinces à faire, des titres à déchiffrer, & qu'on établît parmi eux, des écoles de droit canon, fcience trop négligée parmi les François, & que les Italiens cultivent avec foin.

Mais je ne m'apperçois pas je deviens politique fans le fçavoir; ma plume m'entraîne quelquefois au-delà de ce que je me propofe : on penfe tout haut quand on écrit à fon ami.

LETTRE XLVII.

Le chevalier dit qu'il aime vos réflexions à la rage : il vient de lire votre lettre avec un enthoufiafme que je ne puis exprimer; il eft vrai que ce que vous lui marquez mérite l'impreffion. Chaque phrafe eft fententieufe, & l'enfemble eft un tableau parfait des grandeurs de l'homme & de fes petiteffes.

Il faut s'être bien étudié foi-même, avoir bien feuilleté le cœur humain, pour développer des vérités fi cachées. Il eft certain que l'homme, confidéré feul avec fes fens, fes facultés, paroît

un être admirable , & presque divin ,
& que ce même homme , au contraire,
incorporé avec toutes les futilités dont
il fait son occupation & ses délices,
n'est plus qu'un roseau battu des vents,
qu'un souffle empoisonné par la conta-
gion d'un monde corrompu.

Nous avons fait une telle complication de toutes les misères qui nous environnent, pour nous en affubler ; que
nous ne sommes que ce que nos titres,
nos richesses , nos caprices nous annoncent, au lieu d'être tout simplement des créatures raisonnables , &
des ames immortelles. Les biens pé-
rissables que nous nous sommes pro-
curés , soit par industrie , soit par artifice , ont fait disparoître à nos yeux,
cette intelligence impérissable qui sub-
siste en nous. Nous avons laissé l'éternité , qui est immobile , pour courir
après un temps qui s'enfuit , & nous
nous établissons sur cette terre qui nous
échappe , comme sur un fond qui ne
peut manquer.

Que de contrastes que l'homme réu-
nit en soi ! Qu'il seroit grand , s'il vouloit ! ses desirs ont une carrière im-

menfe à parcourir , & il les refferre
dans un cercle de plaifirs dangereux &
de biens frivoles. Ses penfées pourroient être aufli fublimes que fon ame,
& il les allie avec la matière la plus
vile & la plus craffe. Il prend l'orgueil
pour la dignité , l'indigence pour la
richeffe, la révolte pour la raifon, la
témérité pour du fçavoir, la misère
pour du bonheur.

Je vous dois tout ce que je viens de
dire ; car il y a long-temps que je ne
penfe que d'après vous.

LETTRE XLVIII.

Vous aimez trop le mérite , pour
vous laiffer ignorer la connoiffance que
j'ai faite avec un homme qui en eft
rempli. Ses talens , fes mœurs, fa converfation , fon maintien, tout annonce
une perfonne vraiement née pour avoir
des panégyriftes & des amis. Il peint
avec toute la délicateffe , & chante le
plus agréablement du monde ; mais ce
ne font-là que les dehors d'une belle

ame, qui favoure le plaifir de la fageffe, & qui n'eftime que le grand &
le folide.

Il eft Navarrois, & pourvu d'un emploi dans la finance, qui doit le conduire à quelque direction confidérable.
Il defire de vous connoître, & il a furement raifon, car vous en ferez certainement votre ami. Si fes voyages le
conduifent à votre terre, vous le trouverez le même à toutes les heures du
jour, toujours riant, toujours modefte;
car il n'eft pas de ces hommes qui n'ont
que quelques momens pour eux.

Cette fenfibilité dont vous me parlez, n'eft plus à la mode; on a maintenant honte d'épancher fon ame fur
le malheur de fes frères, & l'on aime
prefque mieux paffer pour dur que
pour compatiffant. Ah! cependant,
quelle fatisfaction pour une ame bien
née, que de partager les maux du
prochain, que de mêler fes larmes avec
celles d'une perfonne qui fouffre, que
d'ouvrir fa bourfe & fon cœur aux infortunés. Je veux, pour ces fortes de
chofes, être toujours du vieux temps.

LETTRE XLIX.

N'AYEZ nulle difficulté de vous en rapporter à votre parente, c'est la femme la plus vraie que je connoisse, & je crois qu'elle n'a jamais menti; elle dit que la vérité étant de son sexe, doit être particulierement son amie.

C'est un belle chose que de n'altérer jamais en rien la sincérité. J'ai remarqué que la vérité a tellement l'art de plaire, que même, dite à notre désavantage, elle nous concilie plus d'amis que d'ennemis. On s'intéresse, malgré la duplicité du siécle, pour une personne qui avoue ingénuement sa faute, & sa franchise devient son excuse.

L'abbé de S. Pierre, cet homme à bonnes intentions & à mauvais projets, disoit que le menteur étoit son animal antipathique; mais il n'avoit garde de confondre avec le mensonge, ces plaisanteries ingénieuses qui ne sont que des jeux de société, & qui par la manière

nière dont on les débite, annoncent
qu'on ne veut tromper perſonne.

Tous ceux qui n'ont point quitté
leur pays, ou qui ſont d'un eſprit bor-
né, regardent comme faux tout ce qui
eſt extraordinaire, comme ſi le vrai
étoit toujours vraiſemblable. J'ai connu des voyageurs qui, par cette raiſon,
trompoient en diſant la vérité. La dé-
fiance eſt pouſſée ſi loin, que bien des
gens ne croient que le contraire de ce
qu'on leur raconte.

J'ai enfin lu le traité anatomique du
célèbre Winſlow, & il m'a fallu du courage pour m'y réſoudre. On reconnoît
après la lecture de ces ſortes d'ouvrages, que le corps eſt ſi frêle & ſi délicat, qu'on craint en vérité de ſe briſer
à chaque pas.

Vous ne vous délivrerez de la pituite qui vous tourmente, qu'en faiſant
uſage de biſcuits de mer ; ayez-en le
jour & la nuit, pour en mâcher au moment que les flegmes s'attachent au ca-
nal de la reſpiration ; mais donnez-vous
le garde d'abandonner entièrement le
ſouper ; je le fis autrefois pour la même
cauſe, & je m'en trouvai plus mal ; tant

que l'eſtomach travaille, la pituite incommode beaucoup moins : c'eſt l'avis de mon médecin de Padoue, qui étoit un 'très - habile homme. Je ne doute point que quelqu'autre médecin ne vous diſe tout le contraire, mais vous avez aſſez pratiqué nos docteurs pour ſçavoir qu'ils ſont convenus de n'être jamais d'accord.

LETTRE L.

Les années, en ſe renouvellant, ne font que mettre un ſceau à mon amitié. Je n'ai rien à vous ſouhaiter, parce que vous avez tout ; je n'ai point de complimens à vous adreſſer parce que vous êtes au-deſſus des éloges.

Où l'an paſſé eſt-il rentré ? D'où celui-ci va-t-il ſourcer ? Je vous le donne à deviner. Les jours ſe pouſſent avec une rapidité ſi ſurprenante, que nous vieilliſſons ſans nous en appercevoir ?

Verrons-nous la fin de cette année ? ne la verrons-nous pas ? C'eſt le ſecret de la Divinité, & grande matière à réflexion.

LETTRE LI.

JE reviens à vous comme à celui qui me dédommage de tous les ennuis qu'il me faut effuyer : le flandrin s'eft avifé de venir me demander à dîner, & quoiqu'il n'ait jamais vu les cours & les grands que de profil, il n'a ceffé de m'en entretenir, comme s'il étoit l'intime de tous les Seigneurs : il avoit foupé chez celui-ci, fait une partie de chaffe chez celui-là. Il y a bien des gens qui s'imaginent n'avoir de mérite que lorfqu'ils jouent le rôle de fat, & que leur invidu vient à changer lorfqu'ils ont mangé chez quelque grand. Qu'on eft petit quand on penfe de la forte !

Quelques torts qu'ait le marquis envers fes enfans, je ne leur confeillerai jamais de plaider contre leur père. Il eft dur, fans doute, d'être maltraité par celui qui doit être leur premier bienfaiteur ; mais il eft encore plus dur de caufer peut-être la mort à celui qui leur donna la vie. Ce siècle n'est malheureusement que trop fertile en exemples de désobéissance ; on ne trouve plus de subordination chez les fils & chez les domestiques : les principes d'irréligion, répandus de toutes parts, ont introduit l'anarchie jusques dans le sein des familles. Il n'est pas difficile de manquer aux hommes quand on manque à Dieu. L'incrédulité rompt insensiblement tous les liens, & l'on n'a plus d'attache qu'à ses plaisirs & à ses penchans.

C'est vraiment un coup de théâtre, que l'entrevue de deux frères qui ne s'étoient pas vus depuis trente ans, & qui n'ont jamais cessé de s'aimer avec toute la cordialité possible. Je suis charmé pour l'honneur de l'humanité, que vous les ayez vu pleurer de tendresse & de joie. Si la mode d'être bon parent & bon ami pouvoit revenir, plutôt que des tailles & des garnitures d'habits, quel changement ; mais nous ne verrons cet heureux retour ni vous ni moi ; chacun ne veut plus tenir qu'à soi même, & dès l'âge de quinze ans, deline d'être son maître. Par quelle fatalité ai-je encore mon père , difoit l'autre jour un homme , en préfence de trois perfonnes que vous connoiffez. Ce propos fit horreur , chacun s'en alla , & le malheureux refta feul. Si l'on fuivoit cet exemple à l'égard de tous ceux qui avanturent de femblables difcours , ils n'oferoient exhaler leur venin.

LETTRE LII.

LE chevalier vous écrit une lettre de vingt pages : attendez-vous à voir du neuf. Il femble qu'il n'a jamais lu , tant fes penfées lui font propres. Je voudrois qu'il nous donnât un ouvrage de caractère ; il peint les hommes d'après nature , quand il veut fe donner la peine de les analyfer.

Votre ancien médecin penche vers fa ruine ; il marche comme une perfonne qui n'a plus que fa foffe à chercher : il ne fe plaindra pas que la mort ufe de trahifon à fon égard ; il y a plus de dix ans qu'elle ne ceffe de l'avertir. On n'en peut pas dire autant du pauvre capitaine : elle lui a porté un coup à la sourdine, dont il ne se relévera pas. Il étoit à table lorsqu'une apopléxie foudroyante l'a attéré ; il ne lui reste que des yeux égarés, une voix tremblante, & une étincelle de vie prête à s'éteindre. Vous voyez que la mort m'oblige à parler d'elle, & que ce n'est pas moi qui vas la chercher.

J'ai appris que vous aviez été parain d'un enfant qui fera bruit dans le monde, & qui fera surement dans une grande élévation. Il y eût, sans doute, beaucoup de magnificence & de cérémonie ; une cloche qui pése huit milliers, vaut la peine qu'on se mette en frais & en habits de gala. C'est un avantage d'avoir une belle sonnerie dans son voisinage, & sur-tout à la campagne ; rien n'est comparable aux sons moëlleux de plusieurs grosses cloches parfaitement d'accord. Je ne parle que d'après le fameux Lully ; certainement il se connoissoit en harmonie, & il venoit tout exprès de Versailles à Paris, pour entendre les bourdons de S. Germain-des Prés. J'ai vu un temps où le chevalier aimoit cette sonnerie avec pastion, mais depuis quelque temps, il lui a fait infidélité pour s'attacher aux cloches de saint Gervais. Vous sçavez qu'Henri IV appelloit celles de S. Germain, ses violons, & qu'il les écoutoit avec le plus grand plaisir. Tant de personnes sont prévenues contre les cloches, qu'il faut des autorités d'importance pour oser prendre leur parti.

LETTRE LIII.

Je suis excédé de toutes les questions qu'une petite maîtresse vient de faire à un étranger qu'on lui avoit présenté. Nous étions à dîner chez elle, & il n'y a point de détails qu'elle ne lui ait demandé, sur ses connoissances, ses voyages, ses goûts, il a dû lui dire l'endroit qu'il habitoit, les noms de tous les parens qu'il avoit, le jour où il étoit né, & presque celui où il mourra.

Quand la curiosité se niche dans la tête d'une femme, elle devient toute langue & toute oreille, pour tout demander & pour tout sçavoir ; mais que d'hommes qui dans ce genre, font réellement femmes ! ils n'exiſtent que pour apprendre les nouvelles de leur ville, de leur quartier, de leur mé-nage, & ils veulent ſçavoir juſqu'aux plus petits détails qui concernent leurs domeſtiques, leurs chiens & leurs chats.

Le curieux eſt une comédie qui manque au théâtre, mais il faudroit Molière pour bien le rendre au naturel ; au reſte, cela feroit riré & ne corrigeroit perſonne.

Si vous vous êtes apperçu des iné-galités qui régnent dans l'ouvrage que vous venez de parcourir, n'en ſoyez pas ſurpris ; l'auteur a trop d'imagi-nation pour n'être pas quelquefois ſombre & nuageux ; d'ailleurs, ſon eſprit eſt logé dans un corps puſillanime, & l'ame ſe reſſent néceſſairement d'une pareille demeure.

LETTRE LIV.

IL me paroît par votre derniere, que vous ne faites pas des châteaux en Espagne, mais à la Chine & en Egypte, où vous aimez, dites-vous, à voyager en idée : vous n'avez pas mal choifi vos promenades, & votre efprit doit être content des beaux pays que vous lui faites parcourir. L'Egypte renferme les monumens les plus curieux & les plus anciens ; la Chine poſſéde les hommes les plus induſtrieux.

Je voudrois pour toute chofe avoir vû ces vaſtes contrées, & en être revenu. Nous en avons des defcriptions, il eſt vrai, mais cela ne vaut point la réalité. La fable fe méle tellement avec l'hiſtoire, dans tous les récits qu'on nous fait, qu'en lifant des relations de voyage, on ne fçait jamais les chofes qu'à moitié.

Autant de perfonnes qui voyagent, autant de différentes manières de voir. L'un eſt enchanté d'un pays, parce

qu'il y trouve des amuſemens, l'autre
ne le peut ſouffrir, parce qu'il n'y rencontre pas des ſçavans. Le bien ou le
mal qu'un voyageur dit d'un endroit,
eſt relatif à ſes habitudes, à ſes goûts,
à ſes talens, à ſes ſociétés.

LETTRE LV.

LA fermentation des eſprits eſt quelque choſe de bien ſingulier. Que de
projets ſouvent ſortis d'une même tête,
que d'opinions nées du choc des paſſions ! Le monde n'eſt un aſſemblage
de bizarreries, que parce que l'imagination des hommes, toujours en action, engendre des rêves, des ſophiſ-
mes, des ſuperſtitions. Nous ne cher-
chons qu'à ſortir du cercle qui nous
eſt tracé, & nous ne ſommes jamais
plus contens de nous-mêmes, que lorſque nous nous échappons avec impé-
tuoſité de la route tracée par la providence.

Les animaux, mille fois plus ſages
que nous, ſe renferment dans leurs

limites. Quelle révolution ne cause-
roient-ils pas dans l'univers s'ils venoient
à se rassembler, à se répandre dans nos
villes, & à employer leurs ruses & leurs
forces pour nous subjuguer, pour devenir nos maîtres, & pour nous mettre à
leur place! Alors certainement il faudroit céder; mais la Providence leur a
tracé des loix, & ils s'y conforment : un
simple enfant conduit un animal énorme, & toute notre raison ne peut venir à bout de nous conduire.

Aussi je doute fort que les bêtes
voulussent recevoir nos beaux esprits
dans leur société, malgré l'honneur
qu'ils leur font de se dire de même
nature qu'elles. Leur instinct leur feroit connoître qu'il n'y a rien à gagner
à devenir les compagnons de gens capables de mettre par-tout le désordre &
la confusion. Plûtôt être bête de bon-
ne-foi, disoit madame de Sévigné, que
de causer du trouble par trop d'esprit.

Je bus hier d'un vin exquis qui a 50
ans de date, mais comme il étoit mon
aîné, je le traitai avec beaucoup de respect, & ne voulus point agir avec lui fa-
milièrement. Je le trouvai très-balsami-

que ; & conféquemment très-propre à corroborer l'eſtomac.

Si jamais vous paſſez par le Prateau, vous y trouverez votre fantôme confiné dans une caverne, & vivant comme les ſolitaires de la Thébaïde, ſans autre vêtement qu'un ſac de cuir, ſans autre horloge que le cours du ſoleil. Il ſemble un homme reculé de douze ſiècles, par rapport à nos uſages, & à nos mœurs.

LETTRE LVI.

C'EST vraiment une figure échappée d'un mauſolée, que le perſonnage qui m'eſt venu voir de votre part. Ses yeux, ſa converſation, ſon maintien, ſont l'expreſſion de la triſteſſe même, & ſi nous étions encore au temps ou on louoit des pleureurs, je l'aurois propoſé pour faire cet emploi. Il m'a parlé ſcience ſans eſprit, & dans tous ſes diſcours, je n'ai remarqué qu'un homme qui avoit étudié en dépit de Minerve & des Muſes.

Peu de perſonnes ſçavent diſtinguer l'érudition de l'eſprit, & cependant quelle différence. On trouve tous les jours des hommes très-ſpirituels qui n'ont rien appris, & des ſçavans qui ne peuvent pas pour ainſi dire penſer par eux-mêmes. Quelquefois la ſcience étouffe le génie, & c'eſt ce qui paroît chez la plûpart des gens d'affaires & de loix. L'habitude qu'ils ont de ne lire que des matières ſéches & abſtraites, leur fait perdre le goût des penſées ingénieuſes, & les rend des hommes très-ordinaires aux yeux de ceux qui pétillent d'eſprit, & qui n'ont beſoin ni de leur juriſprudence, ni de leurs calculs.

Quand vous ſçaurez que M. de **** a plus vécu dans la ſociété des hommes que des femmes, vous ne ſerez nullement ſurpris de ſes airs libres, & de ſes façons trop aiſées. Les hommes ne ſe gênent pas, ſont moins exigeans, & la politeſſe qu'on doit aux dames s'oublie facilement dans leur commerce.

C'eſt une horloge à remonter toutes les vingt-quatre heures, que la tête du pauvre abbé. Penſe-t-il trop, ne penſe-

t-il point affez ? Beau problême à réfoudre pour ceux qui n'ont rien à faire ; &
grand fujet d'inquiétude pour ceux qui
vivent avec lui, & qui voudroient fans
doute connoître fon mal pour le guérir.

LETTRE LVII.

LE printems a-t-il annoncé fon arrivée dans vos cantons, cet aimable
hôte, qui ne marche jamais fans être
efcorté de toutes les beautés de la nature & de tous les zéphirs. Il fecoue
fes aîles par-tout où il paffe ; & la
terre s'embellit de la rofée qu'il répand.
Soyez attentif à le prendre fur le fait,
au moment qu'il paroîtra. Il mérite
bien qu'on forte de fa tanière pour
aller au-devant de lui, je ne l'ai point
encore apperçu ; mais il eft jufte que
nous autres habitans des villes, foyons
les derniers à recevoir fa vifite.

Vous allez donc voir votre parterre
fe renouveller, & vous prouver par
ce prodige, la vérité de notre future
réfurrection. Je ne veux qu'une fieur,

qu'un épi pour confondre le Saducéen & l'impie ; mais les infensés confondus n'en affectent pas moins un air de triomphe.

LETTRE LVIII.

V o u s n'êtes pas le feul qui craignez les lettres à cachet noir. Le célèbre Huet, évêque d'Avranches, n'en ouvroit jamais qui portât cette lugubre empreinte, avant que de fe mettre à table ou de fe coucher, dans la peur d'apprendre quelque nouvelle qui troublât fa digeftion ou fon fommeil.

Le monde eft rempli de tant d'événemens tragiques, qu'il y a mille fois plus de mauvaifes nouvelles que de bonnes, & qu'actuellement que je vous écris, les uns s'égorgent, les autres fe noyent, & tous les coins de l'univers éprouvent quelque cruelle cataftrophe. Peut-être apprendrons-nous après un certain temps, que ce jour-ci eft devenu célèbre par quelque fatalité, & qu'il fera époque dans l'hiftoire.

J'approuve beaucoup les personnes qui tiennent un journal de tout ce qui se passe. Quoiqu'on ait la reſſource des gazettes, on eſt beaucoup plus flatté de lire ce qu'on a ſoi-même écrit. D'ailleurs il eſt des circonſtances qui échappent aux nouvelliſtes, & qui ſont bonnes à conſerver.

Le chevalier a fait un extrait de tout ce qu'il y a de plus excellent dans les meilleurs livres. S'il étoit homme à le donner au public, on auroit l'élixir de la littérature & de la philoſophie ; & ſans feuilleter un nombre immenſe de volumes, on trouveroit le bon & le beau.

Vous avez doublé votre mérite à mes yeux, en faiſant ſoigner comme vous-même votre ancien laquais, & en verſant des larmes ſur ſa mort. Il eſt bon de rapprocher des diſtances que l'orgueil veut mettre entre des hommes qui ſont parfaitement égaux. Point de familiarité avec ceux qui nous ſervent, mais beaucoup de bonté.

LETTRE LIX.

JE viens d'avoir chez la comtesse le spectacle le plus divertissant. Un de ces individus qu'on appelle petit-maître a paru sur la scène exhalant de toutes parts l'ambre & la fatuité. Il a commencé par demander mille pardons de ce qu'il osoit se présenter d'un air si chiffoné, quoiqu'il fut le plus élégamment vétu. Son corps a paru dans un instant, sous je ne sçais combien d'attitudes, & son esprit s'est évaporé dans des complimens à perte d'halaine.

Un second acte a suivi, & le même personnage a pris un air taciturne & réveur. Il s'est non-chalamment couché sur un sopha, & après avoir caressé ses dentelles, fait voir ses belles dents & ses bijoux, il s'est levé brusquement pour aller raccommoder son col & son bouquet, devant une glace, où il s'est contemplé tout à loisir.

Le troisième acte a roulé sur une conversation décousue, où il étoit

queſtion tout à la fois de migraines &
de chanſons, de livres & de rubans,
de ſpectacles & de chiens. On s'eſt dit
l'ami des ducs, l'amant des ducheſſes,
l'homme de tous les ſoupés, & l'on a
fini par diſparoître en pirouettant,
avant que d'attendre la réponſe de ceux
qu'on venoit d'interroger.

La comteſſe enchantée, a épuiſé
tous les ſuperlatifs, a emploié tous les
mots de *délicieux*, *d'étonnant*, pour
louer les graces & les gentilleſſes d'un
perſonnage auſſi raviſſant, & pour exprimer ſon admiration & ſes tranſports.
J'ai laiſſé dire, & m'en ſuis en allé
perdre l'odeur de l'ambre, & le goût
de l'élégance, chez le chevalier qui
appelle les petits-maîtres des écureuils
muſqués.

Nous avons parlé de la légèreté des
eſprits, & nous nous ſommes étonnés de
ce que le paſſage d'une mode à l'autre changeoit tout à coup les idées, de
manière qu'un petit chapeau qui ſem-
bloit hier le comble du ridicule, puiſſe
paroître aujourd'hui merveilleux. Il n'y
a point d'orateur en état de perſuader,
comme une marchande du Palais.

LETTRE LX.

JE n'ai nullement été ébloui de tout le clinquant de notre superbe marquis, ni étonné de la demande qu'il vous a faite. Je sçais depuis longtemps que la plupart des seigneurs ont le plus grand train dans Paris, sans avoir un louis dans leur poche, & qu'il est ordinaire de voir un élégant dans une désobligeante vernissée par Martin, courir, accompagné de deux grands laquais, emprunter quelques écus de six francs.

Tant que le faste n'aura point de borne, il n'y aura parmi la noblesse que des pauvres & des riches mal-aisés. Les superfluités coûtent infiniment plus que les besoins, & si l'on ne donne dans cet excès, on paroît indigent.

L'étrange veuve est morte. Ses chiens perdent tout : elle donnoit quatre cent livres chaque année à un prétendu chirurgien, pour les préserver de mort subite, & de toute maladie.

Plus notre joueur est maltraité de la fortune, plus il s'élève. Il logeoit l'an dernier à un troisième étage, il est maintenant à un sixième. Je le rencontrai il y a quelques jours, & je m'apperçus très-bien qu'il étoit dans le temps de sa mue.

Je ne conseillerai jamais à M. ***** d'aller demeurer avec son ami. Ils finiront par se brouiller, s'ils se voient continuellement. Il n'y a point de grand homme pour son valet-de-chambre ; on perd la moitié de son mérite, quand est vû de trop près.

Vos inquiétudes ne sont pas pardonnables. Pensez en vous levant, que vous n'avez qu'un jour à passer. Personne sur terre n'est assuré d'arriver à demain. Chassés la tristesse comme une tentation. Elle n'est propre qu'à rendre malade, & à causer du découragement. Je vous souhaite cette tranquillité philosophique que j'appelle le beaume de la vie, & qui vous persuadera que d'avoir été bien ou mal à son aise, plus ou moins content, c'est la même chose à la fin de l'année.

LETTRE LXI.

JE pardonne à votre vassal d'avoir de la mauvaise humeur. Il se trouve bossu en pure perte n'ayant nulle sorte d'esprit, & cette situation l'irrite contre la nature, & contre le genre humain.

Votre ami ne se félicite pas sans raison d'avoir vû M. de Marmontel. C'est un académicien dont le mérite a rempli le royaume, & dont la connoissance fait époque.

Je ne sçais si vous avez rencontré celui que vous appellez le personnage comiquement emphatique. Il doit être dans vos cantons, ou sans doute il tranche & décide selon le privilège que donnent l'ignorance & l'orgueil. On me demande, & je vous quitte malgré moi. Adieu.

LETTRE LXII.

COMMENT, vous ofez faire carême, & par-là choquer tout à la fois le fiècle, la mode & les beaux efprits. On dira que vous avez l'eftomac bien roturier, & que vous n'êtes pas né pour vivre dans la bonne fociété. Si vous fuivez la méthode de M. Hequet, le carême ne vous incommodera furement point. Il n'y a que la manière dont on apprête le maigre, qui puiffe le rendre indigefte. Rien de plus fain que des légumes & du poiffon; bien des médecins les ordonnent aux convalefcens, pourvu qu'on ait foin de ne pas les dénaturer par des effences & des coulis fi nuifibles à la fanté.

La financière vient de partir pour fes terres. Elle emmène avec elle fon grand neveu. Il eft fi ftupide, que le chevalier difoit hier, qu'elle feroit très-bien de lui mettre un collier avec fes armes & fon nom, afin qu'il pût fe retrouver, si par hazard il venoit à se perdre.

Je rencontrai ces jours derniers votre voisin qui sort d'avoir la fièvre. Il me fit peur. C'est exactement Lazare sortant du tombeau. Nous parlâmes quelque-temps de votre trop grande facilité à prêter des livres, & néanmoins la conversation finit par ne pas vous blâmer, parce qu'au bout du compte, il vaut mieux s'exposer à perdre qu'à ne point obliger.

Nous ne verrons point l'ouvrage que je vous avois annoncé. L'auteur, encore jeune, commence tout selon le privilège de son âge, & ne finit rien.

Si le marquis sçait perdre sans sçavoir donner, il est au taux de presque tous les grands. La Bruyère a raison de dire que la richesse est relative à la dépense, ainsi qu'à la personne. Celui à qui cent pistoles suffisent (& heureusement dans le monde, il y en a plus d'un) est plus riche qu'un homme qui ayant trente mille livres de rente, en dépense trente-cinq mille.

L'Anglois qui devoit aller vous voir est encore ici. Il fait comme tous ceux

de fa nation qui voyagent. Il fe corrige tous les jours de la générofité, &
ne paie qu'avec toute la peine poffible, dans la crainte d'être trompé. Il
difoit l'autre jour à un dentifte qui lui
néttoyoit les dents : *Vous ne m'en fe-*
rez, s'il vous plaît, que pour trois
francs.

LETTRE LXIII.

ENFIN je pars pour vous aller voir :
c'eft un parti pris irrévocablement.
Nous philofopherons fur les vanités
de ce monde, nous nous promènerons
tant & plus ; & nous verrons ces fleurs
fi charmantes, éclore pour rendre hommage à leur auteur.

Souvenez-vous de me réferver le
petit pavillon que j'appelle ma chartreufe. Il y a des endroits ou l'ame
paroît être plus à l'aife, & ou l'efprit travaille mieux. Je n'aurois que
des idées rembrunies dans les apparte-
mens qui font fur les cours ; & je veux
voir tout en couleur de rofe, quand je
fuis à la campagne.

Je

Je follicite vivement le chevalier à être de la partie ; il ne dit pas que non ; mais vous fçavez que c'eft l'homme aux difficultés, quand il s'agit de fe mettre en voyage. Pour le médecin, il eft fûr qu'il m'accompagnera. Il tue affez de monde dans tout le cours d'une année, pour ne pas donner quelque trève aux vivans qui reftent. Vous botaniferez avec lui tout à l'aife, & vous ferez des confultations à la journée. Il eft grand confultant.

J'irai demain dans une maifon où je verrai, *in globo*, la plupart de vos amis. Ils me diront s'ils n'ont rien à vous dire ; & quelque chofe qu'ils me difent, je m'en acquitterai très-exactement.

Ne vous attendez pas à me recevoir comme un nouvellifte. Je connois beaucoup plus Horace, Virgile & Ciceron, que tous ceux qui font aujourd'hui fur la fcène du grand monde. Adieu : voici la dernière lettre que je vous écrirai, puifque les paroles vont prendre la place des écrits. Je ne vous dis ni l'heure, ni le moment de mon arrivée, afin de me réferver le droit

de m'arrêter ſi l'occaſion s'en préſente.
J'ai des bons jours à donner ſur la
route, par-ci, par-là : & le bon jour,
comme vous ſçavez, eſt ſouvent ſuivi
du bon ſoir. Je ſuis.

LETTRE LXIV.

JE ne vous pardonnerai jamais de
m'avoir ſi bien reçu ; j'arrive chez moi
& je ne trouve que du dégoût & de
l'ennui. Je vais avoir toute la peine
du monde à m'accoutumer à ne vous
plus voir. Je regretterai vos avenues
au milieu des Thuilleries, & votre
converſation au milieu des plus charmantes ſociétés.

Où eſt le temps, dirai-je ſouvent à
moi-même, où nous diſcourions ſur
la biſarrerie des hommes, ſur les travers du ſiècle, ſur les caprices du ſort ?
Ce temps a paſſé comme un ſonge,
& il ne nous reſte que l'impoſſibilité
de le rappeller.

Vous vous attendiez à des remer-
ciemens, & je n'ai que des plaintes

vous adreſſer. Je l'avois bien dit ; on ne vous quitte point ſans en payer l'intérêt. J'éprouve actuellement tout ce qu'il en coûte, lorſqu'on s'éloigne de votre perſonne, & de votre charmante habitation.

Ne manquez pas de me dédommager de cette perte, par un redoublement d'attention à m'écrire. Entaſſez lettres ſur lettres : il n'y a que ce moyen qui puiſſe ſuppléer à votre préſence, & me faire oublier que je ſuis à plus de ſoixante lieues du ſéjour que vous habitez. Adieu.

LETTRE LXV.

IL eſt très-inutile de prêcher l'économie à un homme qui n'a plus rien. Vous ignorez ſans doute que le parent auquel vous vous intéreſſez a diſſipé tout ſon patrimoine en illuminations & en feux d'artifice ; c'eſt une dépenſe qui brille, & il aime l'éclat.

Si vous pouviez me trouver ce petit Horace ſi joliment imprimé, ſi jo-

liment relié, & m'en faire un cadeau, ce
seroit un *veni mecum* que j'estimerois
infiniment, & dont la compagnie me
raviroit.

Je ne vois plus votre dame à vapeurs, cette collection entière de ridicules & de frivolités. Le futile peut
amuser un instant; mais il n'est pas
supportable, lorsqu'il nous distrait de
nous-mêmes & de nos devoirs.

LETTRE LXVI.

VOUS êtes auteur, & vous n'en
connoissez pas encore les désavan-
ges? Tout homme qui écrit doit s'attendre à voir son nom servir de sa-
tyre ou d'amusement, à je ne sçais
combien de faiseurs de brochures dont
toute la science consiste à médire &
à critiquer. Mais, comme dit Montaigne, il faut avoir assez de courage
pour sçavoir mépriser la critique des
méchans, si vous n'aviez pas revendi-
qué les droits de la religion & de la
raison, vous ne seriez pas l'objet de la

raillerie des incrédules & des fots.

Le livre de votre ami me paroît moins un ouvrage de controverse, qu'un tocfin. Je n'aime point qu'on s'écarte des règles de la modération. Un zèle amer n'eft point un zèle chré-tien. Les incrédules font nos frères, & fi Dieu lui-même les tolère, avcns-nous droit de ne pas les fouffrir ? Ce n'eft ni par les invectives, ni par les perfécutions qu'on peut rame-ner les hommes à la vérité ! Plai-gnons ceux qui n'ont pas la foi ; tâ-chons de les éclairer : mais ne foyons pas affez miférables pour les haïr, ou pour les outrager. On ne doit défen-dre qu'avec charité une loi qui eft toute charité. Si l'amour-propre, ou l'humeur ne fe mettoit point à la pla-ce du zèle, il n'y auroit parmi les défenfeurs du chriftianifme, que des hommes doux & modérés.

Le moëlleux abbé, dont vous me demandez des nouvelles, paffe fa vie à fe garantir des vents coulis. Mada-me de *****, toujours extravagante dans fa façon de s'exprimer, lui di-foit l'autre jour qu'il avoit des mœurs

veloutées, & un caractère *satiné*. I[l]
avala ce compliment comme des frai[-]
ses, & il n'en paroît que plus soupl[e]
& plus affectueux.

Je n'ai rien épargné pour venir [à]
bout de déterrer l'inconnu que vou[s]
voulez connoître. Il n'a ni parens, n[i]
patrie ; car tous ceux qui l'ont vû [...]
n'ont jamais pû dire ni ce qu'il fait [...]
ni ce qu'il est. Il court de ville en[e]
ville, jouissant du plaisir d'être anony[-]
me, & d'exciter mille propos parmi
les curieux. Cette singularité lui vaut[...]
une réputation merveilleuse ; & son
silence supplée au mérite le plus émi-
nent.

<hr>

LETTRE LXVII.

JE ne sçais quelle route a pris le ta[-]
bleau que vous m'envoyez, mais il
n'arrive point. Cependant la place que[...]
je lui destine est prête à le recevoir [...]
& déjà l'on vient me demander la per[-]
mission d'en examiner les beautés.

Il n'y aura que le baron de ****, qui [...]

[...] même, qui [...] ne
[...] pas la peine de [...]venir le
[...] toutes les nations de pro-
[...]homme aussi flegmatique. Son
[...] même est sérieux, & l'univers en-
[...] plutôt que sa per-
[...]

LETTRE LXVIII.

[...], en ne venant point chez
[...] où [...] étoit attendu, agit
[...] presque tous les grands ; après
[...] tenu tout le monde en haleine,
[...] beaucoup de dépense & de
[...] passent *incognito*, & ne lais-
[...] récompense à ceux qu'ils ont
[...] que l'honneur d'avoir es-
[...] bienheureuse vision.
[...] avez appris la grande & ma-
[...] du valet-de-chambre
[...]. Il achete les plus
[...] de son maître, pouvant
[...] héritage qu'il vient de
[...] jouer le rôle du plus grand
[...] Il se procurera des titres, se

F iv

donnera des armoiries, se fera descendre de quelque illustre maison; & ses qualités, ses vertus, sa naissance, deviendront l'ornement de toutes les épîtres dédicatoires. On lui dira qu'il a des connoissances universelles, & il le croira; on le louera comme le personnage le plus qualifié, & il se le persuadera. Il n'y a rien qu'on respire avec tant de plaisir que l'encens.

Votre nouvel hôte a bien du temps à perdre, puisqu'il s'amuse à lire Rabelais. Le Pantagruel est un tas d'ordures, où l'on ne trouve que quelques perles par-ci, par-là, & encore sont-elles fausses.

Si je puis raccrocher le manuscrit dont vous me parlez, je ne le laisserai sûrement point échapper. Je n'en connoissois pas la valeur. Tout ce qui tient à l'antiquité, doit être précieux. Les Italiens en sont si convaincus, qu'ils ont les dépouilles de tous les siècles, rassemblés sous leurs yeux. Il y a peu de villes, peu d'églises, peu de bibliothèques, qui ne contiennent en ce genre, des morceaux rares, & d'un très-grand prix. J'ai passé bien de jours à me repaître d'un spectacle si intéressant, & je me reproche encore de n'avoir point assez vu.

Si tôt que l'Histoire de France, par l'abbé Vely, sera reliée, comme vous le desirez, je vous l'enverrai. M. Villaret, son continuateur, n'avoit pris, ni son style, ni son esprit : il s'est trop appésanti sur des détails minutieux ; & pour ne pas omettre des circonstances inutiles, il laissoit souvent échapper les plus grands traits.

L'histoire ne doit point être décharnée, selon la méthode de certains auteurs modernes, qui retranchent tout ce qui ne leur plaît pas, & qui suppléent aux faits qu'ils omettent, par des traits d'imagination ou de malignité ; mais elle doit être dégagée de toutes les anecdotes puériles, & de tous les récits superflus. Les uns font de l'histoire, un roman ; les autres, un simple catalogue : deux excès à éviter, & dont l'abbé Fleury a sçu parfaitement se garantir.

LETTRE LXIX.

ENFIN le chevalier s'eſt laiſſé appercevoir comme ces ombres errantes
dont parle Virgile, & qui échappent
lorſqu'on en approche : il paſſa près de
moi avec une rapidité ſurprenante, &
je crus entendre qu'il viendroit me
viſiter.

Il n'eſt plus queſtion de l'ouvrage
dont je vous avois parlé ; la crainte
de ne pas réuſſir me décourage, & ne
me laiſſe que l'honneur d'en avoir imaginé le plan. C'eſt un beau cannevas,
que je vous donne à remplir. Allons;
vîte, la plume à la main, & partez
pour la gloire. Vous devez connoître
vos talens. Confiez-vous à votre génie,
il vous ſervira bien ; & la beſogne ſe
trouvera faite, ſans preſque vous en
appercevoir.

La comteſſe me donna hier à dîner
avec une Angloiſe qui pétille d'eſprit.
Elle dit mille choſes plus plaiſantes les
unes que les autres. Les François, ſui-

[...] dans les animaux qui ap-
[...] croissent à la pluie, & cela,
[...] qu'elle les a droit dans les jours les
[...], porter des parasols sous
[...] bras, dans la crainte de se mouiller,
[...] (ainsi que l'usage est en France) de
[...] s'accommoder pendant six mois à tenir
[...] parapluie pour s'en servir, pour
[...] de toujours.

LETTRE LXX.

Il vous prend envie de bâtir, vous
[...] Chassez, je vous prie,
[...] idée, comme une tentation. On
[...] d'abord que faire reconstruire
[...] mur, un escalier, & l'on s'engage
[...] dans un labyrinthe d'où
[...] plus que la mort. Je
[...] nombre de personnes qui, pour
[...] commencé à faire édifier des
[...] passé leur vie au milieu des
[...] & des maçons. L'homme
[...] étrange animal, il se bâtit des
[...] pendant que le temps le mine
[...] démolit. Nous nous dissipons en

poudre, & au bout de quelques années, il vient un inſtant où celui qui
ne trouvoit pas de châteaux aſſez vaſtes pour ſe loger, n'occupe pas un
pouce de terre.

Convenez, de bonne foi, que vous
méritez bien ce ſermon. Il ne peut y
avoir qu'un petit accès de vanité, qui
vous excite à augmenter vos bâtimens.
Je connois trop bien votre manoir,
pour que vous puiſſiez me perſuader
qu'il ſoit néceſſaire de l'aggrandir. J'en
appelle à vous-même, & je renvoie
cette affaire au tribunal de votre raiſon.

LETTRE LXXI.

J'AI beau tenir ma tête à deux mains,
méttre tout mon eſprit à l'alambic, je
ne puis abſolument deviner l'énigme
en queſtion. J'en régalerai l'abbé ****,
quand il viendra me voir; comme le
perſonnage le plus friand de logogri-
phes, & d'énigmes, que je connoiſſe.
Il aime ce genre d'étude au-deſſus de
tout ce qu'on peut dire, & quoique

pesant dans l'art de penser, il y réussit parfaitement.

Ce qui empêche ordinairement de trouver le mot d'une énigme, c'est qu'on se fait une montagne de ce qui n'est qu'un rien ; on va chercher au loin, ce qui se trouve souvent sous la main ; & , au lieu de combiner, on ne s'applique qu'à imaginer : aussi ai-je remarqué que les gens flegmatiques étoient beaucoup plus propres à ce travail d'esprit que les gens vifs.

On a trop d'idées quand on pense trop vivement.

Le chevalier m'écrit pour m'annoncer qu'il part pour la campagne , & qu'il ne sera de retour qu'à la huitaine. Sa lettre , quoiqu'envoyée par la poste, n'étoit point cachetée. Il faut toujours que tout ce qu'il fait, porte l'empreinte de son originalité.

LETTRE LXXII.

J'AI eu une assez longue conversation avec votre vieux Druide. Plus il approche du terme, & plus il s'enfonce dans son incrédulité. Il y a plus de trente ans qu'il fait venir à grands frais, de tous les pays du monde, tous les ouvrages marqués au coin de l'impiété. C'est un foible rempart contre le ciel. Les Spinosa, les Bayle, les Hobbe, & tous leurs sectateurs, ne le mettront pas à l'abri des châtimens d'un Dieu juste. Mais les esprits forts sont ingénieux à s'abuser. Ils se croient dans un arsénal propre à se garantir de toutes les foudres, lorsqu'ils vivent parmi des livres & des hommes impies. Ils entassent volumes sur volumes, espérant toujours trouver de quoi étouffer leurs remords, & cette manœuvre ne sert qu'à nourrir leur illusion.

Vous voudrez bien faire mon compliment à votre voisin, sur sa dignité de colonel. Qu'il se souvienne qu'on ne conduit les François qu'avec de l'honnêteté & de la fermeté, & tout ira bien.

Le pauvre prieur décline de jour en jour. On a beau avoir un bon tempéramment, on ne vieillit point impunément. Il sera regretté comme un de

ces hommes qui tenoit encore à la sim-
plicité de nos pères?

Le seigneur qui a passé chez vous,
est un grand qu'on voit pour son mérite, & non pour sa grandeur. Ainsi je
ne suis nullement étonné du plaisir
qu'il vous a causé.

LETTRE LXXIII.

C'EST vraiment un chaos à débrouiller, que l'histoire du cœur humain.
Plus on observe les hommes, plus on
les trouve méchans & dissimulés. Vous
seriez-vous attendu aux indignes pro-
cédés de M. ****, lui qui vous doit
toute sa fortune & toute sa considération? Si vous aviez secouru un animal, il vous caresseroit; mais parce que
c'est votre semblable & votre ancien
ami, il vous outrage, il vous déchire.
Quoiqu'il en soit, le titre de bienfaiteur est ce qu'il y a de plus précieux;
& il vaudra toujours mieux faire des
ingrats, que de ne point obliger.

Si votre *presque parent* couroit

moins après l'équivoque , avoit moins
de rudeſſe dans l'air & dans le ton ;
il feroit mille fois plus aimé : mais il
s'imagine qu'en jouant ſur les mots , &
qu'en diſant toujours non , il paſſera
pour homme d'eſprit , & c'eſt certainement ce qui l'abuſe.

Puiſque votre rhumatiſme continue
à vous incommoder, faites-vous broſ-
ſer tous les matins. Cette méthode eſt
excellente pour exciter une tranſpira-
tion inſenſible , & pour écarter les
maladies.

Je n'ai plus revu la perſonne dont je
vous avois parlé. C'eſt un volcan qui paroît & qui diſparoît, ſans qu'on puiſſe deviner pourquoi. Ainſi font les Anglois; ils
vous fréquentent , ou ils vous évitent ,
ſelon que leur humeur les conduit. Je
vous ſouhaite toute la patience propre
à recevoir les hôtes qui doivent vous
viſiter. Ils vous rendront cependant
plus de ſervices que vous n'imaginez.
Ils vont vous diſtraire de vos études ,
vous tranſporter loin de la ſcience , &
de la réflexion , & vous avez beſoin
pour votre ſanté , de ne pas tant
réfléchir.

LETTRE LXXIV.

JE suis charmé d'apprendre que vous laissez votre bâtiment tel qu'il est, & que toutes les pierres qui devoient être remuées, vont rester dans un repos éternel. Ce parti fait honneur à votre raison, & nous prouve que vous n'êtes nullement obstiné. Ce n'est pas une petite vertu que de sçavoir céder.

Le chevalier arrive de Loudun, où il avoit été entraîné par un de ses amis. Cela nous a donné lieu de parler de la prétendue possession des religieuses de cette ville, qui fit autrefois tant de bruit. Il pense, comme moi, que cette marotte n'a pu être imaginée par le cardinal de Richelieu, pour perdre un homme aussi foible qu'Urbain Grandier. Est-il vraisemblable en effet qu'un ministre, qui faisoit périr sous les yeux de toute la nation les personnes les plus qualifiées, qui envoyoit à la bastille ceux qui lui avoient déplu, eût employé le plus

pitoyable des ſtratagêmes, à deſſein de
ſe vanger d'un ſimple curé.

Il eſt bien plus naturel de croire
qu'Urbain Grandier, dont les mœurs
étoient déréglées, faiſoit lui même
jouer tous les reſſorts qu'on attribue
au cardinal, pour mettre le déſordre
dans le couvent des urſelines, & pour
profiter de cette confuſion. On ébranle
facilement des cerveaux de religieuſes;
&, ſous prétexte de magie, on vient
à bout de démonter leurs têtes. Une
fille qui ſe croit poſſédée du demon,
n'a plus ni remords ni ſcrupules.

Ce fut ſans doute une ſottiſe de faire
mourir Urbain Grandier comme ſor-
cier, mais c'étoit peut-être une juſtice
de le condamner comme ſuborneur;
à moins que les ennemis qu'il avoit à
Loudun n'euſſent eux-mêmes employé
ce moyen pour le perdre.

Qu'on juge de cette hiſtoire comme on voudra, pourvu qu'on n'en
faſſe pas auteur le cardinal miniſtre.
Il y a même de la puérilité à l'en ſoup-
çonner; mais ſes ennemis l'ont écrit,
& cela s'eſt copié, comme tout ce
qu'on lit, ſans diſcernement, & ſans

réflexion ; & cela se répètera quoiqu'on dise, parce que tous les esprits
sont prévenus.

<hr>

LETTRE LXXV.

VOTRE Lettre ne pouvoit arriver plus
à propos. J'étois environné de vos
amis lorsqu'elle m'est parvenue ; ils
m'ont sommé de leur en faire la lecture, & ils ont été enchantés.

On nous menace d'un nouveau livre,
qu'on dit être l'assemblage de tous les
sophismes, & de toutes les impiétés ;
mais outre que la religion n'a rien
à craindre, nous sommes dans le cas
de ne plus voir en ce genre que des
objections usées , & des railleries
émoussées. L'impiété a tout exhalé,
le libertinage a tout dit : je défie tous
les esprits forts, & tous les siécles à
venir, d'imaginer rien de plus extravagant, que tout ce qui s'est débité
depuis cinquante ans. Ainsi nos génies
à la mode ne doivent plus s'attendre
qu'à donner des habits retournés : c'est

mortifiant pour des hommes qui ne
parlent que de découvertes, & qui
n'aiment que des nouveautés.

Le pauvre Baron, duppe, comme
bien d'autres, de la réputation de
nos prétendus philosophes, achète
tout ce qui vient d'eux avec une confiance incroyable. Il a mis cinq ou
six libraires à l'affut, pour être le
premier informé des productions de ces
messieurs, & pour se les procurer sur
le champ. Il suffit qu'elles émanent
de cette source pour être excellentes,
sublimes & merveilleuses, quoique souvent ordinaires & même triviales. L'enthousiasme est une terrible chose; il
aime mieux supposer des beautés cachées dans ce qu'il y a de plus pitoyable, que de convenir de la vérité
des faits.

Si l'on avoit donné sous d'autres
noms plus de la moitié de ce qu'ont
écrit certains beaux esprits, on n'y
auroit trouvé que des platitudes, &
les imprimeurs en étoient pour leur
frais.

Vous me rendez la vie, en m'apprenant que la pauvre famille à laquelle

vous vous intéreffez, a enfin gagné fon procès. Dieu vous benira d'avoir contribué à la tirer de l'oppreffion : complaifez-vous dans cet ouvrage, comme dans ce qui honore le plus l'humanité.

LETTRE LXXVI.

LE fantôme eft maintenant plus fan-tôme que jamais. Il mourut la femaine dernière fans avoir voulu appeller le médecin ; &, comme il étoit cruelle-ment tourmenté d'une colique, il s'a-vifa d'avaler tout le vif argent qui fe trouvoit dans le tuyau de fon baro-mètre. Je tiens ce fait d'un témoin oculaire ; &, à ces traits, je reconnois mon original. Sa famille, qui le regar-doit comme mort depuis longtemps, n'a pas jetté une feule larme.

C'eft une folie felon le chevalier, que de mourir pour être regretté ; car à peine apprend-on la mort d'une per-fonne, qu'on fe contente d'en dire deux mots, & qu'on n'en parle plus,

C'eſt bien facheux, diſoit l'autre jour une joueuſe, en apprenant la mort de ſa meilleure amie : *Avez vous du treffle ?* &c.

LETTRE LXXVII.

LE marquis, après avoir donné dans le faſte des équipages, donne dans celui des ameublemens. Il fait venir des quatre parties du monde de quoi récréer ſes yeux ; mais comme il eſt changeant, ce goût va bien-tôt lui paſſer. C'eſt un homme de deſirs & qui vit malheureux au milieu de ſes grands biens. Il eſſaye de tout, & rien ne le ſatisfait. Je ne déſeſpère pas de le voir quelque jour périr d'hypocondrie.

Je lui conſeille fortement de vous aller voir. J'ai dans l'idée que vous le ramènerez à la raiſon. Il n'a point de vice dominant, & il écoute volontiers ce qu'on lui dit : la docilité eſt un grand acheminement au bien.

Je ne vous parle qu'en tremblant, du jeune homme qui a un père ſi vertueux. Il a lû les ouvrages du temps, & il devient libertin par fyftême. Tout eft perdu, quand on n'étudie qu'à deffein de fe dépraver.

LETTRE LXXVIII.

NE me demandez plus des nouvelles de M. de***. Depuis qu'il s'eft livré à la fociété des femmes, il eft invifible pour tous fes amis. Vous favez combien elles font exigeantes, & comment elles obligent un homme complaifant à faire leurs parties & leurs volontés. Les vieilles font encore pires que les jeunes dans ce genre de perfécution. La vanité d'avoir du monde dans un temps où le monde les fuit, la néceffité de s'affurer des joueurs, les rend tyranniques à l'égard de ceux qu'elles connoiffent. On n'a plus un moment à foi, pour peu qu'on fe livre à leurs caprices, & les jours fe paffent à enchaîner fa liberté. Il faut leur dire ce qu'on a fait, d'où l'on vient, où l'on va, tant elles ont peur qu'on ne leur échappe, & que la solitude ne devienne leur partage.

Je suis très-aise de ce que vous voulez lire la Jerusalem délivrée dans l'original. Si Boileau eût pu en faire autant, il n'auroit surement pas dit, *le clinquant du Tasse* ; mais il eut le défaut de sa nation, de juger souvent sans approfondir.

Le *Dante* que vous avez parcouru, mérite que vous le relisiez. C'est un poëte dont l'imagination fougueuse donne dans toutes les extremités. Tentôt il est sublime, tantôt trivial, mais toujours étonnant. Il a décrit le paradis & l'enfer avec toute la véhémence imaginable ; & si son enfer est plus beau que son paradis, c'est que la crainte agit sur les hommes bien plus fortement que l'espérance.

LETTRE LXXIX.

DE grands éclats de rire sans propos & sans sujet ; des phrases, qui n'ont ni suite ni liaison ; des grimaces, qui démontent

montent toute la phyſionomie; des airs,
tantôt mâles, tantôt efféminés; des
diſtractions réfléchies ; des hauteurs
intolérables ; des caprices de toute
eſpèce : telle eſt en abrégé la ſçavante
dont on vous a vanté l'érudition, &
les talens. Si ce portrait vous plaît,
il vous ſera très-facile de la connoître.

Je crois volontiers ce que Montaigne
dit, que toute femme qui ſçait eſt
dans un état violent ; & qu'il n'y a
que l'eſprit naturel qui convienne au
ſexe.

***

LETTRE LXXX.

J'ARRIVE d'une maiſon enchantée,
où j'ai vu la vérité ſans fard, la vertu
ſans apprêt, où j'ai enfin retrouvé toute
la candeur, & toute la ſimplicité des
ſiècles paſſés. Il eſt inutile de vous
dire qu'il s'agit de notre ami **** ; &
de ſon charmant hermitage. Vous l'aurez déja deviné.

Il n'a point donné dans le faſte des

gens à la mode. Il n'a qu'une cellule
pour toute habitation, & trois autres
pour ceux qui viennent le visiter, pensant avec raison qu'un être, dont l'im-
mensité la plus étendue se reduit à six
pieds, n'a besoin ni de louvres, ni de
palais : quel agréable séjour ! La paix
qu'on y goûte étoit toute dans mon
ame, & je me trouvois dans un monde
tout nouveau. On nous servit quelques mets champêtres, un vin agréable,
des fruits délicieux, & nous passâmes
le jour à lire, & à nous promener
sous des arbres si touffus, & dans des
endroits si solitaires, que je me croyois
à cent lieues des villes.

Je comptai jusqu'à quinze bosquets,
qui sont autant de cabinets d'étude,
& qui portent le nom des auteurs
qu'on y lit. L'un s'appelle le Musée de
Malbranche, l'autre celui de Newton,
& ainsi du reste. Les eaux se joignirent
à la verdure des plantes & des gazons,
pour venir nous réjouir ; & nous vîmes
dans un clin d'œil, des ruisseaux, &
des torrens se former à nos yeux comme par enchantement.

Je voudrois que tous les hommes,

balottés par la fortune & par les paſſions, fuſſent temoins de la douceur
qu'on reſpire dans un lieu ſi calme &
ſi délicieux. Ils ne pourroient s'empêcher d'avouer qu'il n'y a d'heureux
que celui dont les jours s'écoulent
au ſein de la ſolitude & de la paix;
& qu'on ne fait pas un grand ſacrifice
lorſqu'on renonce aux vanités du ſiècle, & à la biſarrerie des ſociétés.

C'eſt ce que me répéta ſouvent
notre hôte, dont la converſation me
ſéduiſit à un point que je ne puis vous
l'exprimer. Il me demanda beaucoup
de vos nouvelles, & il me témoigna
pluſieurs fois l'envie qu'il auroit de
vous poſſéder. Il s'eſt fait une manière
de vivre qui lui aſſure un bonheur
dans ce monde & dans l'autre. Il agit
en philoſophe chrétien, c'eſt-à-dire,
qu'il tient la ſeule conduite qui peut
réellement rendre heureux. On a beau
ſophiſtiquer, embraſſer toutes ſortes
d'opinions; la vérité qui eſt une, ramè-
nera toujours les hommes qui penſent
à cet unité.

*

LETTRE LXXXI.

NOTRE oracle est enfin venu me voir. Il ma donné deux jours de son temps, dont je lui sçais un gré infini. Quel homme! quel génie! je ne l'ai jamais trouvé plus grand; & plus sublime. Il semble que ses lumieres s'accroissent à mesure qu'il approche de l'éternité. Il m'a parlé métaphysique comme un ange.

Ses discours ont roulé sur l'excellence des esprits, & sur le néant des corps. Il a mis l'univers dans un creuset pour le décomposer, & pour le réduire à sa juste valeur. Je croyois voir le monde s'évaporer en fumée, & l'ame s'élever au-dessus de ce nuage, comme une substance purement spirituelle, que toutes les transmutations ne sçauroient altérer. Nous n'avons personne dans ce siècle qui parle avec autant de force & de profondeur.

Je l'ai fort engagé à se rendre auprès de vous. Il y étoit tout disposé,

d'avoir reçu des lettres, qui l'obligent à retourner sur ses pas ; mais
vous dédomagera de ce contretemps.
Tout le monde lui fait des reproches,
de ce qu'il vieillit trop vîte. On s'afflige de voir sa vie couler aussi rapidement, que celle de tant d'hommes
inutiles. Hélas ! cela nous apprend
qu'il n'y a d'être nécessaire que Dieu ;
que toutes les créatures s'usent comme un vêtement, & passent comme
l'eau des fleuves.

Le chevalier, qui prétend que les
hommes n'ont des jambes qu'*ad hono-*
res, projette un traité contre l'usage
des carrosses, où il se flatte de dé-
montrer qu'il n'y a rien de plus nui-
sible à la santé, que de ne jamais marcher à pied. Attendez-vous à recevoir
ce petit ouvrage, sitôt qu'il paroîtra ;
je ne doute pas qu'il ne soit très-plai-
sant.

G iij

LETTRE LXXXII.

LE peuple s'imagine que les grands ne connoiſſent ni les dégoûts, ni l'ennui ; & ce ſont préciſément ceux-là qui ne ſçavent comment exiſter. Croiriez-vous que deux dames de cour s'amuſoient dernièrement à ſe faire lire le *petit Chaperon rouge*, *Cendrillon & la Barbe bleue?* C'eſt-à-dire, ce que l'on a peut-être imprimé de plus ridicule ; ce que Perrault n'eût pas honte de compoſer, & ce que tous les enfans apprennent malgré le rafinement du ſiècle & de l'éducation.

Les plus célèbres auteurs doivent être furieuſement humiliés, quand ils penſent que leurs ouvrages ſont beaucoup moins répandus que les inepties fabuleuſes du *petit Poucet*, du *Chat botté*, &c.

Il n'y a perſonne qui ne connoiſſe ces futilités, qu'on peut dire être parmi nous l'alphabet de l'éducation. Si on ne les lit pas, on les entend ; & voilà comment on recule la raiſon le

plus qu'il est possible au lieu de l'a-
vancer par de sages réflexions.

LETTRE LXXXIII.

Il y a long-temps que vous ne m'a-
viez parlé d'agriculture. Je vois avec
plaisir que cette science vous est toujours agréable, & que vous en faites
votre récréation. C'est à tort qu'on
a voulu vous brouiller avec les melons, & vous persuader qu'ils donnoient la fièvre. Un fruit qu'on met
au nombre des quatre grandes semen-
ces froides, ne peut que tempérer les
ardeurs de la bile & du sang ; mais
comme les préjugés se copient, on
ne manquera pas de répéter jusqu'à la
dernière génération, que les melons
sont fièvreux.

J'ai remarqué que la plûpart des
hommes attribuoient la maladie & la
mort à tous les alimens qu'on avoit
pris avant d'être malade ou de mourir. Il n'y a point de nourriture, en
conséquence, qu'on ne dût s'interdire ;

& à quelle extrêmité ferions-nous réduits ! Le grand art de conferver la fanté, confifte à connoître les forces de fon eftomac, à fe tenir en garde contre les indigeftions, à beaucoup triturer ; & furtout à boire de l'eau préférablement à toute autre liqueur.

Je ne connois, ni ne veux connoître le prodigieux ouvrage dont vous me parlez. Ma vie fe pafferoit à le lire, & je n'aurois vû qu'une confufion de chofes & de mots.

La comteffe penfe à fe détacher du monde ; mais en femme inconftante, qui veut effayer un nouveau genre de vie, après s'être laffée de tout. La retraite, le brun, les coëffures plattes, amufent certaines femmes, autant que les cercles & la parure.

LETTRE LXXXIV.

C'EST au crépufcule de la plus belle foirée du monde, & dans le jardin le plus charmant que j'ai lu votre dernière. Le plaifir de retrouver un ami

au milieu des plus nobles sentimens., &
des plus riches expressions, pénétroit
mon ame & la ravissoit. On double
son existence, quand on unit ses pensées à celles d'un ami vertueux ; & l'on
reconnoît qu'il n'y a qu'une amitié
pure qui puisse dilater le cœur & le
satisfaire.

Si la botanique ne sert qu'à flatter
votre curiosité, je vous conseille de
l'abandonner ; mais si vous la cultivez
pour la mettre à profit, vous ne pouvez trop l'étudier. La providence a
répandu dans les divers pays des her-
bes relatives aux besoins & aux maladies. Les plantes de l'Amérique ne
ressemblent point à celles de l'Europe.
Il en est de même par rapport aux
fruits, dont les uns plus acides, les
autres plus doux, ont des vertus propres à la nature des hommes, & des
climats.

Si nous connoissions l'usage des
simples, nos indispositions deviendroient plus légères, nos remèdes plus
efficaces, moins compliqués & moins
coûteux ; mais nous foulons aux pieds
ce qui nous guériroit, & nous allons

G v

pour l'ordinaire chercher au loin & à grands frais, ce qui nous tue. Quel éloge l'école de Salerne, à laquelle on revient aujourd'hui, n'a-t-elle pas fait de la ſauge! quel bien les Chinois n'en ont-ils pas dit! & cependant on la néglige, comme ſi elle n'avoit ni force, ni vertu; tant il eſt vrai, que la routine & l'opinion gouvernent l'univers.

Je ne ſuis nullement étonné de l'état où ſe trouve votre voiſin. Les convaleſcences ſont cruelles, pour ceux qui aiment à manger. Si ſon eſtomac eſt dévoyé, qu'il faſſe uſage d'une ptiſanne de quinorodon. Ce remède a ſouvent opéré des miracles.

J'aime à parler médecine à ceux qui ſe portent bien.

LETTRE LXXXV.

Le chevalier, piqué contre les avares, me lut hier une ſatyre à leur ſujet. Pour moi, ſans recourir aux invectives, je voudrois qu'on les déſignât dans chaque ville, & qu'ils fuſſent condamnés à faire circuler leur argent comme on eſt forcé à vendre ſon bled, lorſque cette denrée vient à manquer. Rien de plus humain & de plus beau, que d'obliger une perſonne qu'on ſçait être tout à la fois avare & riche, à payer le dixième ou la capitation de ceux qui ſont chargés de familles, & qui n'ont qu'une fortune médiocre. Alors ils deviendroient utiles ; & pour que cette utilité ſubſiſtât, le gouvernement feroit faire des rôles où ils ſeroient taxés à proportion de leur lezine & de leur argent.

Si quelqu'avare liſoit cette lettre, il ne prendroit ſûrement pas cela pour lui. Il n'y a point d'homme, tant vilain qu'on le ſuppoſe, dit Scarron, qui ne ſe croie très-généreux. Le mal eſt que plus on vieillit, & plus l'avarice augmente. On veut tout avoir, lorſque tout échappe, & ſi l'on pouvoit, on ferroit enterrer ſon argent avec ſoi. A dix ans, nous ſommes menés par les gâteaux & par les dragées ; à vingt ans, par les plaiſirs ; à quarante, par l'ambition ; à cinquante, par l'avarice.

Le vieux comte, que vous avez con-

G vj

nu, ne dîne plusque dans un tiroir, qu'il a grand soin de pousser lorsqu'on vient lui parler, dans la crainte de rien offrir; & ne converse plus à la lumière puisqu'on n'a pas besoin de clarté pour discourir. Je crains qu'il n'ait quelque jour le funeste sort du trop fameux Tardieu.

Il semble que les riches sont destinés à ne jamais jouir de leurs richesses. Les uns prodigues, les autres avares, se trouvent toujours indigens; cette honnête & noble économie, qui donne ce qui faut à la bienséance, aux usages, ainsi qu'aux besoins, n'est presque pas connue.

LETTRE LXXXVI.

LE chevalier qui arrive de province, dit que par-tout on lui offroit *un mauvais soupé*, que par-tout il répondoit qu'il en vouloit un bon, & qu'en conséquence il n'a pris aucun repas dans les maisons où il étoit invité. C'est un plaisir de l'entendre raconter com-

ment les bourgeoises de certaines villes
sçavent s'exprimer, comment elles ap-
préhendent de trop s'humilier en ayant
des égards pour un homme de diſtinc-
tion ; comment elles craignent de ſe
compromettre, en parlant à quelque artiſan avec bonté. Où la vanité ne ſe ni-
che-t-elle pas? C'eſt dommage, comme
vous dites très-bien, qu'on ne puiſſe
enter les fleurs ainſi que les plantes.
On feroit des expériences admirables,
& l'on verroit éclorre des phénomènes
raviſſans. Je ne manquerai pas de vous
envoyer par la première occaſion, les
marguerittes que vous deſirez. Quoique ces fleurs n'aient pas l'éclat de
celles du printemps, elles parent magnifiquement les jardins.

La nature nous offre, dans la variété
des fleurs qui ſe ſuccèdent, l'image de
notre propre vie. Les hyacinthes,
comme les premières, retracent l'enfance ; les renoncules, l'âge de puberté;
les roſes, la jeuneſſe ; les amaranthes,
la virilité ; les ſoucis, la vieilleſſe. Ainſi nous prenons diverſes nuances, juſqu'à ce que rentrant en terre, pour
reparoître quelque jour ſous une nou-

velle forme, nous pourriſſons à la manière des graines & des ſemences.

J'ai enfin vu le marquis de****; &
il m'a paru qu'il étoit une véritable
imitation du tonnerre. C'eſt tout à
la fois la pluie, le vent, la grêle,
mais ſans aucun éclair ; toutes ſes
paroles & tout ſon fracas n'amènent
ni ſaillie, ni penſée. S'il n'avoit point
un nom, il ſeroit ſûrement réduit à
parler aux échos ; mais, graces à ſes
ancêtres, on le ſouffre comme un mal
qu'on ne peut empêcher.

LETTRE LXXXVII.

JE n'ai point perdu de vue la com-
miſſion dont vous m'avez chargé ; mais
vous connoiſſez les hommes, & vous
ſçavez qu'en général leurs plaiſirs les
occupent beaucoup plus, que les be-
ſoins du prochain. Un ſouper leur
fait tout oublier ; & ils ne peuvent ſe
perſuader que lorſqu'ils digèrent, il
y a des multitudes de malheureux qui
meurent de faim.

Si je me trouvois dans une indigence extrême, me disoit un jour une femme de la première qualité, & si je n'avois point de bois pour me chauffer, j'allumerois une vingtaine de bougies qui suppléroient au feu. C'est dans le même sens que la grande duchesse de Toscane prétendoit autrefois qu'on devoit donner de la croute de pâté à des hommes qui n'avoient pas de pain. Lorsqu'on nage au sein de l'abondance, on ne peut se figurer un dépouillement universel ; & souvent, par cette raison ; l'on agit avec inhumanité, sans être réellement inhumain.

Je vous félicite d'avoir possédé pendant trois jours l'évêque de ****. C'est un prélat distingué par ses mœurs, sa science, & sa piété. Il connoît la discipline de l'église, & l'observe. Il n'a qu'un bénéfice, il réside exactement ; sa table est celle des curés ; & son revenu partagé en trois portions égales, est emploié pour ses réparations, pour ses pauvres & pour sa subsistance. L'église aura toujours des pasteurs zélés.

Vous avez donc à la fin trouvé un lecteur qui sçait lire. Cette découverte est assez rare. J'augure trop bien de votre bonté pour ne pas croire que vous ménagerez sa poitrine. Des domestiques nous doivent leur temps & leurs soins, mais ils ne nous doivent pas leur vie.

LETTRE LXXXVIII.

Sɪ la plûpart des hommes étoient exaucés dans leurs desirs, ils auroient plus de mille ans. A peine l'hiver est il venu, qu'ils souhaitent l'été; & cependant ils redoutent la vieillesse comme le plus grand des maux. On feroit un ample volume de nos inconséquences. Attendez avec patience que le temps de la récolte arrive, & vous le verrez venir sans qu'il en coûte à votre santé. Les impatiences ne sont propres qu'à causer des irritations & des insomnies. Puisqu'on ne peut changer les jours, il faut les prendre comme ils vont.

Le philosophe est celui qui, content du pays qu'il habite, ainsi que du jour qui coule, ne s'occupe que du présent, & ne s'afflige jamais pour le lendemain ; pensant avec raison qu'à chaque moment suffit sa peine, & que c'est être réellement l'ennemi de soi-même, que de se faire un fantôme de maux qui ne se réaliseront peut-être jamais.

Il n'y a pas une situation plus cruelle que celle d'un homme ingénieux à se tourmenter. Tout le monde en convient : & néanmoins je connois des personnes qui achèteroient des inquiétudes si l'on en vendoit. Leur imagination, toujours dans le noir, ne leur représente que des objets lugubres. On diroit que la tristesse est leur élément.

Je me souviendrai toujours du pauvre d. N...., quoiqu'à la source des honneurs & des biens, il avoit pris l'univers tellement en grippe qu'il étoit continuellement tenté d'en sortir. Son travail étoit celui d'un homme qui se dévore, & qui se nourrissoit de chagrins, comme Mytridate de poisons.

Il mourut d'une fièvre brûlante exci-
tée par son hypocondrie ; & l'on peut
dire que jamais la mort ne vint plus
à propos.

LETTRE LXXXIX.

VOTRE manuscrit est digne des écrivains les plus sublimes, en un mot,
digne de vous. Vous avez peint le
malheur, & les malheureux de la
maniére la plus touchante, & la plus
énergique. Ne dédiez point votre livre
à d'autres qu'à l'univers. Le monde
est un assemblage d'infortunés, dont
la vie se passe à gémir & à batailler.
Celui qui n'a point de chagrin, est
toujours à la veille d'en avoir.

Les maux se repandent sur la terre
comme des torrens. Je défie tous les
hommes de me citer un endroit où
ils n'aient pas pénétré. Il nous faut
être continuellement aux prises avec
les trahisons, les revers, les maladies,
la mort. Si nous ne sommes pas ou-
tragés dans nos biens & dans nos per-

sonnes, nous le sommes dans nos amis
qui souffrent, & que le sort persécute ;
nous le sommes dans notre imagination
presque toujours ingénieuse à nous
tourmenter.

Il n'y a qu'une philosophie chré-
tienne qui puisse nous élever au-dessus
des malheurs inséparables de notre
humanité. Alors on ne considère les
revers, que comme des sujets de mériter, & l'on se les rend favorables par la
manière dont-on sçait les supporter.

Nous serions des tyrans, des vin-
dicatifs, des orgueilleux, si nous n'é-
tions avertis de temps en temps par
quelque disgrace qui nous humilie :
mais Dieu frappe, & tout le monde
reconnoît sa puissance & sa majesté.

Je ne suis nullement étonné de ce
que les gazettes vous interessent. Quelques stériles qu'elles puissent être, elles
ne sont jamais indifférentes à un hom-
qui a beaucoup voyagé. Il est charmé
de retrouver les noms de ceux qu'il a
connus, d'entendre parler des pays qu'il
a parcouru, & d'apprendre les révolutions qu'excitent les premiers personnages du monde.

LETTRE XC.

QUELQU'ÉLOGE qu'on faſſe du château de M. de ****** il n'aura jamais que l'air d'un mauſolée, tant que les maîtres & les gens ne s'y reduiront qu'au nombre de dix. Cent perſonnes ſuffiroient à peine pour l'animer, & pour le remplir. Son immenſité fait ſa ſolitude, & il faut avouer qu'il y a des maiſons qui ne conviennent qu'à des princes.

Nos logemens doivent être proportionnés ſelon notre condition, & ſelon nos facultés. Mais la bourgeoiſie ſe plaît à effacer la nobleſſe; & tous les états ſont confondus.

LETTRE XCI.

JE pars pour faire un voyage de quinze jours; mais notre correſpondance n'en ſouffrira ſurement point. Toujours vos lettres me feront remifes avec exactitude, & toujours mes réponfes iront vous trouver.

Je n'ai pû me refufer aux follicitations d'un ancien ami, qui m'entraîne dans une terre qu'il vient d'acheter. Il eft éperduement amoureux de cette nouvelle poffeffion, de manière, que fi cela dure, il adreffera des vers (car il a la force d'en faire) à tous les arbres, & à tous les recoins de fon château.

Si vous penfez que je porte avec moi maints livres & maints papiers, vous avez raifon : mais fouvent on projette les plus belles chofes, lorfqu'on part pour la campagne, & l'on n'en réalife prefqu'aucune. On revient, comme on étoit allé, le porte-feuille & les mains vuides.

LETTRE XCII.

Je vous écris d'un donjon où j'ai voulu percher, & d'où je découvre des côteaux qui le difputeroient à ceux d'Italie, s'ils étoient embellis par des cascades, & par des torrens. Ma vûë se promène & se repose sur mille objets divers; & si quelque chose me fâche, c'est qu'à travers tant d'images différentes, je n'apperçois point votre aimable château.

J'enrage d'être à la campagne, & de ne point vous avoir. Nous philosopherions sur les abus de ce bon univers, & nous ferions passer dans notre ame toutes les beautés que la nature offriroit à nos yeux.

Nous eûmes hier la visite d'un financier qui passe pour avoir beaucoup d'esprit; mais qui, à l'exemple de la plûpart des hommes à la mode, ne sçait que les termes des arts, & les noms des plus fameux artistes. Ces connoissances toutes superficielles qu'elles sont éblouissent & font illusion. On croit qu'un homme est parfait architecte, quand il emploie à propos des mots d'architecture, qu'il est habile médecin, quand il a le jargon de la médecine.

Madame de *****, est des nôtres avec son gendre & son mari. Elle passe

chaque matin quatre heures à sa toilet-
te pour être laide le reste du jour. Des
cheveux en escalade, qui semblent
menacer le ciel, & qui forment une
espèce de panache, redeviennent la
frisure à la mode. On n'est plus du
bel air, si l'on ne paroît avoir le visage presqu'au milieu du corps. Que
de différentes manières de se travef-
tir depuis que le monde existe ! Nous
prêtons le flanc de la meilleure grace
du monde à tous les ridicules. Quel
coup d'œil que la bigarrure de nos
modes, si l'on pouvoit rassembler toutes les bisarreries qui parurent en ce
genre ! il seroit aussi réjouissant pour
la vûe, qu'affligeant pour la raison.
L'homme n'avoit besoin que d'une
tunique pour se couvrir ; & il n'y a
point de frivolités qu'il n'ait imaginées,
point de dépenses qu'il n'ait faites, à
dessein de se parer.

Ne soyons plus étonnés que le corps
ait pris la place de l'ame. On a oublié
la plus noble partie de soi-même pour
ne s'occuper que de celle qui est la
plus abjecte ; on a regardé comme
chimérique une substance spirituelle,

parce qu'on ne pouvoit l'orner d'une manière qui frappât les yeux.

Montaigne avoit raison de dire que nous avons tourné & retourné les modes de toutes les manières les plus propres à nous rendre ridicules, & qu'il n'y avoit rien de plus fou que l'histoire des habillemens François. Encore si cette folie étoit prête à finir, mais on aime mieux rajeunir les modes les plus gothiques, que de ne rien changer.

Vous voyez que l'air de la campagne excite des réflexions philosophiques. Continuez à me faire part des vôtres, car sans cela mon esprit sera bien-tôt stérile. Vous avez le talent de le féconder, comme j'ai celui de connoître tout ce que vous valez. Adieu.

LETTRE XCIII.

C'EST précisément au moment que l'aurore se lève, & que les rossignols font entendre leur ramage, que je viens vous donner de mes nouvelles.

Je

Je me rends dans un petit bois femé de fleurs, & brillanté par la rofée, pour vous écrire fur les beautés de la nature. Quel fpectacle magnifique que celui du matin ! les hommes dorment, tandis que la terre s'embellit de la maniere la plus merveilleufe, & la plus étonnante.

Tout renaît, pour rendre hommage à l'être fuprême, tout participe à l'éclat du foleil, dont les rayons perçant à travers les forêts, répandent de toutes parts le brillant de l'or, & de l'azur. On diroit que des tapis d'éméraudes & de rubis s'étendent fur la furface de la terre, & que l'univers fe prépare à recevoir fon maître & à le célébrer.

Ici les fleurs charment, là les odeurs embaument. Je refpire actuellement le parfum de mille plantes plus fuaves les unes que les autres, & une fraîcheur délicieufe me pénétre, & me ravit. Que ne fuis-je poëte ? vous auriez des vers par centaines fur toutes les beautés dont je jouis ; & vous reconnoîtriez queperfonne ne fent mieux que moi les agrémens de la campagne,

quoique je n'en fois pas habitant. Je
reffemble à ces hommes qui ne boivent
que de l'eau, & qui goûtent beaucoup
mieux le vin, que les plus célébres
gourmets.

Le monde des infectes eft un nouveau champ, où j'exerce mon efprit
& mon admiration. L'inftinct qui
dirige des êtres fi méprifables en apparence, & fi exigus, me paroît un
chef-d'œuvre digne d'un être à qui
les plus grands miracles ne coûtent
rien. Quelles prévoyances, quelles
rufes, dans un vermiffeau qu'on confond avec un grain de fable! Il fçait
éviter les piéges qu'on lui tend, fe
choifir une route à travers les obfta-
cles & les embarras, diftinguer la nourriture qui lui eft propre, de celle qui
peut lui nuire, travailler à fa pro-
pagation, & devenir le pere d'une
multitude innombrable d'autres ver-
miffeaux comme lui.

Je ne vous dis rien que ce que
vous fçavez; mais je ne puis m'empêcher de le dire, tant mon ame eft
ravie à l'afpect de ces phénomènes
toujours renaiffans. Je les quitte pour

en aller chercher d'autres, qui font
au moins plus utiles, s'ils ne font pas
plus agréables. Je veux parler des
fruits qui vont faire mon déjeûner,
& que je vais manger dans l'arbre même. On ne goûte bien certains fruits,
dit un célébre médecin, que lorfqu'on
les mange avec leur duvet & leur
peau.

LETTRE XCIV.

Nous étions à table lorfqu'un petit
maître, magnifiquement vêtu, & auffi
élégament frifé que s'il fortoit de
chez le baigneur, s'eft préfenté pour
faire une vifite au feigneur du lieu.
Il a débuté par demander un million
de pardons, de ce qu'il ofoit paroître
d'un air fi malpropre, & fi négligé;
il a répété cent fois qu'il avoit toute
a honte poffible de s'annoncer d'une
maniere fi mauffade, & fi peu digne
de la compagnie. Chacun rioit, &
furtout moi qui auroit fait ma plus
grande parure de fon ajuftement; fes

H ij

excufes ont redoublé lorfque fon la
quais chamarré d'argent a paru fur l
fcène. C'étoit, felon lui, un étourd
qui ne devoit pas paroître à raifon d
fon accoutrement.

Je croirois que le maître & le vale
font accoutumés à porter des habit
maffifs garnis de diamans, car je n
penfe pas qu'un homme foit venu tou
exprès, pour perfifler M. **** & f
compagnie.

Ce n'eft pas la premiere fois qu
j'ai entendu pareils propos chez no
femmes du bel air. On fçait qu'elle
crient volontiers qu'elles font laides
faire peur; qu'il n'y a rien de plu
pitoyable, que la manière dont elle
font ajuftées : mais je ne fçavois pa
que des hommes euffent imaginé qu
ce jargon leur donneroit du relief.

Je me flattois de pouvoir vous écrir
encore aujourd'hui du fein d'une forê
mais une de ces pluies légères, qu'un
certaine académie nomme de *la pou*
dre d'eau, ne m'a pas permis de fui
vre mon goût. Je ne trouve point d
fatisfaction comparable à celle d'exe
cer fon efprit au milieu d'un cabine

champêtre dont les arbres forment le toît, & les murs. Toutes les tapisseries des gobelins ne valent pas ce spectacle. Heureux celui qui en connoît le prix, & qui en sçait repaître son ame & ses yeux!

LETTRE XCV.

QUOIQUE je souffre beaucoup moins le vent que la pluie, & que je pense à ce sujet comme les Italiens qui disent que, *lorsqu'il pleut, il pleut, mais que lorsqu'il fait du vent, il fait mauvais tems*, je ne puis m'empêcher de convenir que l'agitation des arbres ne soit la chose du monde la plus agréable. C'est un murmure qui excite les rêveries, qui rappelle les révolutions du monde, qui nous engage à faire des réflexions sur l'écoulement des plaisirs & des années. Jettez-moi dans un bois battu du vent, disoit l'Ariofte, & je deviendrai philosophe.

Vous ne vous attendiez pas que

j'exalterois ainſi les avantages de la campagne : ſi vous voulez renchérir ſur ce que j'en dis, il ne vous reſte plus qu'à prendre l'octave. La vérité m'entraîne malgré moi ; & je ſuis forcé de reconnoître que l'homme heureux ſe trouve rarement dans les villes. Ainſi jouiſſez de votre bonheur : ſavourez le plaiſir d'être avec vous-même, & de converſer avec les morts. C'eſt une compagnie qui vaut mieux que celle des vivans : tous ceux qui l'ont préférée s'en ſont bien trouvés.

LETTRE XCVI,

LA vie qu'on mene ici reſſemble beaucoup à la vôtre. On ſe lève à ſept heures, & le maître qui n'a point l'honneur de penſer que nous ſommes ſemblables aux bêtes, fait la priere en commun. Enſuite on déjeûne chacun ſelon ſon goût.

On ſe diſperſe à neuf heures ; les uns ſe retirent dans leurs chambres, les autres vont ſe perdre dans les bois, jusqu'à midi que tout le monde se retrouve. Alors, on converse ou sur des matières intéressantes, ou sur des riens selon que la circonstance en décide.

Une heure sonne, & c'est l'instant du dîner qu'on a coutume d'égayer par des propos amusans, & par un air de liberté qui met tous les convives à l'aise. Lorsqu'il ne fait ni pluie ni soleil, on mange dans quelque cabinet de verdure, au milieu des roses & des chevrefeuils, & des laquais écartent les mouches avec des branches qu'ils agitent, le caffé ouvre la conversation qui dure ordinairement jusqu'à quatre heures, & qui est entremêlée de jeux & de propos; ensuite, on se sépare pour ne se rassembler qu'à six, tems où la promenade devient générale, jusqu'à huit qu'on rentre à dessein de lire, ce que le plus grand nombre à décidé; les hommes lisent tour à tour, & si c'étoit hier de la prose, aujourd'hui c'est de la poësie.

Le souper est toujours à neuf heures, & c'est alors qu'on donne carrière à sa mémoire ou à son imagination, pour raconter des choses qui peuvent tout à la fois intéresser & réjouir. Des petits jeux du tems passé succèdent au souper, & tout le monde joue à la façon des enfans, comme s'il s'agissoit de gagner des sommes.

Onze heures rassemblent les domestiques avec les maîtres, & la journée se termine par une priere en commun. Alors on se retire, & telle est la vie du séjour que j'habite. Quant aux femmes, on ne les voit guères qu'à midi; & souvent elles commencent un jeu, qu'elles reprennent immédiatement après le dîner. Comme il n'y a ni assujettissement, ni vœu, la liberté fait notre principale règle. La contrainte nuiroit aux agrémens que nous goûtons.

Le Dimanche nous conduit à la messe de Paroisse dont nous ne sommes point éloignés, & l'après-midi selon la coutume de nos pères, nous allons bourgeoisement à vêpres, & nous amenons le curé pour souper avec nous. C'est un homme épais en apparence, mais plein de science & de raison lorsqu'on l'approfondit.

Il y a des jours qu'on emploie à la chasse & à la pêche, & chacun dans ces exercices suit ses forces & son goût. En un mot, nous sommes au nombre de quatorze, & heureusement nous n'avons que des joueurs modérés. Une seule partie suffit chaque jour pour les contenter. On lit, on écrit, on parle, on chante, on rit, on se promène, & la journée n'est à charge à personne.

Rien de plus agréable que de sçavoir entremêler les charmes de la solitude avec ceux de la société. On retrouve la compagnie avec un plaisir indicible, quand on a sçu rester seul. Apprenez, dit Marc-Aurèle à supporter les hommes, & à vous en priver, & vous serez heureux : *Homines sustineas, hominibus abstineas, & contentus eris.*

LETTRE XCVII.

Si la campagne où je me trouve ne laissoit pas des heures de liberté, & si l'on y étoit harcelé par des joueùfes & par des oififs qui ne cherchent qu'à faire faire perdre le temps, je vous protef-te que j'en ferois de retour il y a plus de quinze jours. Donner fon temps, c'eft donner fa propre vie. Eh ! qui mérite moins qu'on lui faffe un facrifice, qu'u-ne joueufe impitoyable qui ne defire que votre argent, & qui ne vous paroît gracieufe, que parce que vous l'a-mufez.

Ne foyez point en peine de la for-tune de M. *****; c'eft un homme qui fçait parfaitement fon *numero*, & qui mitonne fes intèrêts avec tout le foin poffible.

Je ne puis rien vous dire de la fanté de votre cher parent. Il ne fçait pas lui-même comment il fe porte. Quand fon imagination fera guérie, tout ira très-bien : mais cet inftant arrivera-t-il ?

LETTRE XCVIII.

J'ARRIVE d'une chartreuse où j'ai passé le jour le plus délicieux. C'est l'antipode du monde. On n'y connoît que la paix ; on ne s'y occupe que de l'éternité ; & dans un profond silence qui n'est interrompu que par le murmure des vents & des eaux, on goûte un bonheur inaltérable.

Tous les Solitaires dont j'ai parcouru les laures, m'ont fait voir la véritable gaieté. Leur air toujours riant, est une excellente attestation en faveur des plaisirs qu'une bonne conscience procure.

Les hommes du monde se moquent de ce genre de vie, parce qu'on y enchaîne sa liberté. Mais où y a-t-il plus d'entraves, que parmi les personnes livrées à la volupté ! ni les sens, ni le cœur, ni l'esprit ne sont à celui que l'amour ou l'ambition dominent. Il n'a pas le moindre empire sur soi, il n'existe que pour être le jouet des passions

qui le gouvernent selon leur frénésie;
& tout jusqu'à sa propre volonté le sé-
duit & le perd.

Nous ne sommes jamais plus libres,
que lorsque nous sommes vertueux.
Alors, maître de notre cœur, nous le
séparons de tout ce qui pourroit l'a-
vilir & le corrompre; & nous le rete-
nons dans l'ordre, son centre & son
élément. Les chaînes du cloître ne
sont pesantes, qu'à ceux qui sont mal
appellés; ceux là ont été la victime
de parens injustes & ambitieux; le
monde crie contre lui-même, lorsqu'il
crie contre les mauvais moines. C'est
lui qui les a fait ce qu'ils sont, en les
forçant de prendre le parti du silence
& de la retraite.

Je compte rester à la campagne jusqu'au dix du courant; & vous aurez
encore une de mes lettres avant mon
départ. Donnez-moi des nouvelles de
votre voisinage. Il me paroît que ce
séjour devient une chartreuse par le
silence qu'on y garde.

LETTRE XCXIX.

Nous possédons le chevalier depuis
deux heures. Il est venu, accompagné
de je ne sçais quel adepte, qu'il a rencontré sur son chemin. Il ne seroit
pas à son aise, s'il n'avoit toujours à
ses côtés quelque original qui lui ressemble. Il ne lui manque plus que de
souffler, pour passer par tous les de-
grés de la singularité. Il vient de nous
raconter les histoires les plus plaisan-
tes sur le compte du pauvre M......
qui se *bétifie* de plus en plus, & qui
dit qu'il a fait une promenade entre
avril & mai : comment trouvez-vous
cela ? Vous avez donc revu notre personnage à grandes périodes. C'est un
homme dont le visage & les mœurs
trop austères, ne plairont jamais. La
comtesse l'appelle avec raison l'*empe-*
reur sévère. Ne me parlez point de
ces gens qui toujours montés sur des
échasses, daignent à peine abaisser leurs
regards, ne rient qu'à la toise ; ne font

contens, que de ce qu'ils font, &
gourmandent tous ceux qui les approchent.

Je vous quitte, pour aller repaître
mon esprit de l'excellent ouvrage qui
a pour titre *l'Art de se connoître*
Bon Dieu ! que ce livre est lumineux ! qu'il contient de vérités! Qu'Abadie devoit être un grand homme !
comme il pense profondément ! comme il intéresse l'ame, comme il l'élève !

<hr>

LETTRE C.

Nous quittons une table rustique, où
nous avons mangé de la crême pêle
mêle avec des paysans. Ils nous invitoient depuis long-tems à visiter leur
manoir qui nous a paru le séjour de
l'innocence, & l'asyle de la propreté.
L'orgueil ne s'accomoderoit pas d'une
telle partie ; mais heureusement nous
ne sçavons point être orgueilleux.
Nous avons voulu réaliser ces fictions
poëtiques qui font une si agréable

peinture des mœurs, & des repas champêtres. Le bonheur eſt fait pour exiſter autrement qu'en image ; il ne s'a-
git pas de regretter l'age d'or , il faut
le ramenér.

Que d'hommes dans l'univers duppes de leur vanité ! Ils ont beau ſentir qu'on ne s'amuſe qu'en s'huma-
niſant, ils aiment mieux s'ennuyer
avec eux-mêmes, que de ſe commu-
niquèr. J'ai connu des gens ſi ſuper-
bement ſots, qu'ils auroient rougi de
parler à un laboureur ; c'eſt-à-dire ,
à celui qui travailloit du matin au
ſoir à les faire ſubſiſter.

La médaille ne tournera - t - elle
point ? Ne verrons-nous jamais les
riches conduire la charrue, & les
payſans dans des équipages brillans ?
J'avoue que ces métamorphoſes ſeroient fort amuſantes, & très bien
imaginées , pour abaiſſer l'orgueil de
tous ces petits hommes dédaigneux,
qui font litiere du peuple, & qui croient
que l'inſolence eſt le relief de la grandeur.

Je pars, avec toute la compagnie
qui regagne la ville. On s'arrache

avec peine de ce lieu charmant ; mais les affaires, mais les devoirs, mais le tourbillon du monde auquel on eſt attaché, forcent à en partir: Peu de perſonnes ſe trouvent dans le cas de faire ce qui leur plaît. Une famille enchaîne celui-ci, une charge celui-là ; & la liberté n'eſt que pour un petit nombre d'êtres, qu'on regarde à peine & qu'on dit ne tenir à rien.

Chaque pere veut que ſon fils devienne ce qu'on appélle quelque choſe, & il faut avouer que nous devons tous contribuer au bien de l'état ; mais l'ambition ſe déguiſe ſouvent ſous le nom d'amour de la patrie. Autrement, on ne regarderoit pas comme un homme inutile, celui qui voulant vivre ſans honneurs & ſans aſſujettiſſemens ſe contente du revenu que la providence lui a donné, & ne s'impoſe point d'autre travail, que l'avantage de ſervir le public par des réflexions ſur la littérature ou ſur la philoſophie. Pourquoi ne pas vouloir qu'un homme ſoit poëte, orateur, phyſicien, comme on eſt peintre & ſculpteur. On vit dans tous les tems des perfonnes dévouées à l'étude , de manière à n'avoir pas d'autre profeffion. Platon n'eut pas d'autre métier que celui de philofophe ; Virgile fut tout fimplement poëte , Defcartes , phyficien ; Locke , métaphyficien ; & certainement ces grands hommes valurent bien un procureur ou un financier.

Je plaide ici la caufe de votre parent que fon père veut forcer à prendre un état , & qui n'a de goût que pour la vie tranquille & privée. Si c'étoit l'amour du libertinage ou de la pareffe qui lui fit choifir ce parti, loin de vous parler en fa faveur , je le défaprouverois hautement ; mais il eft fage & laborieux , & il ne s'apliquera qu'à des chofes utiles & raifonnables. On fert la patrie avec la plume comme avec l'épée , & un bon écrivain n'eft pas moins eftimable qu'un bon capitaine.

LETTRE CI.

JE n'apprens en arrivant que des nouvelles défaſtrueuſes : notre ancien ami *** ſe meurt, & toutes les larmes, toutes les prieres, tous les remedes ne peuvent reculer ce funeſte moment. La préſidente à penſé périr au milieu d'un feu qui a calciné ſa maiſon ; & choſe qui doit bien nous humilier, le pauvre abbé a perdu l'eſprit ; il y a plus d'un an qu'il mitonnoit ce malheur. Il n'étoit plus aimable. Le ſcrupule coupoit la moitié de ſes paroles.

Ah ! quand je penſe aux miſeres qui nous environnent, je n'ai pas le courage d'avoir de l'amour-propre. Je ſens mon ame humiliée ſous le faix des malheurs ; & je ne reſpire qu'en faiſant diſtraction de tous les accidens qui nous menacent.

LETTRE CII.

EN vérité, je ne conçois pas comment des hommes raisonnables peuvent se repaître de toutes ces lettres romanesques qu'on répand continuellement dans le public. Il m'en tomba hier un volume que je fus curieux de parcourir, & je n'y vis que des interjections, des exclamations, des pamoisons. Ce sont des amours épigrammatiquement exprimés, des sentimens hyperboliques, des mots gigantesques, un style convulsif.

Il n'y a que l'amour du vice, ou des riens qui puisse attacher à ces lectures ; de sorte que j'accuserai le siécle d'être vicieux & frivole, tant que je verrai des brochures également ridicules & dangereuses, remplir toutes les toilettes & couvrir toutes les cheminées.

L'homme, dont vous me parlez, passe sa vie dans un caffé à décider de toutes les pièces qu'on joue, & à

fe faire un cercle de gens oififs, qui
l'écoutent & qui fe répandent enfuite
de toutes parts, pour répéter fes dé-
cifions. L'amour-propre fe dreffe des
théâtres par tout où il peut. Celui qui
n'a pas les facultés de briller dans un
hôtel, va briller dans une boutique,
& s'y fait un nom.

LETTRE CIII.

CROYEZ-MOI, le feigneur dont vous
me parlez ne s'humanife avec fon architecte, que parce qu'il y trouve fon
compte ; il fçait combien cet artifte
a de talens en tout genre, & il eft
bien aife d'en profiter. Les grands font
rarement duppes des politeffes qu'ils
font. Les uns les emploient à deffein
d'obtenir ce qu'ils ne pourroient exi-
ger par voie d'autorité, les autres s'en
fervent pour mériter le furnom d'affable, & de gracieux.

Je reçois une lettre de D.*****
mon ancien ami, qui m'invite de la
manière la plus preffante à l'aller voir.

Je lui réponds que j'irai sûrement; &
que , fût-il habitant d'une chaumiere ,
je me ferois un vrai plaisir de m'y
rendre. Les personnes de mérite , les
vrais amis , charment tellement par
leur présence , qu'on ne s'occupe ni
de leur ameublement , ni de leur maison , tandis que ceux qui n'ont que
des richesses en partage sont sûrs d'être
moins regardés que leurs tableaux,
leurs tapisseries , & leurs palais. On
commence par les saluer ; mais aussi-
tôt on les oublie pour considérer la
magnificence qui les environne : c'est-
à-dire , qu'on va chez eux comme
dans un magasin , pour admirer des
étoffes & des bijoux.

LETTRE CIV.

J'AI toujours aimé les gens démons-
tratifs ; & , en vérité il n'y a que ceux-
là qui sont nés pour plaire. Une personne froide , une lettre sèche, un
abord sérieux , autant d'images désa-
gréables. Si M, ***** m'eût écrit

d'une manière plus affectueuse, je l'aurois cru reconnoissant ; mais son épître
guindée m'éloigne de lui, plutôt qu'elle ne m'en approche. Quelle différence
entre ses expressions & celle de son
voisin ! les unes annoncent un ami tout
de feu, les autres un homme qui n'est
que poli. Cependant celui-ci me doit
plus que celui-là.

Le chevalier dit qu'il ne se traîne
jamais chez des amis tièdes, dont le
cœur est au *bain-marie* ; mais qu'il
courre chez ceux dont le cœur est
brûlant ; je l'approuve d'autant mieux
que j'agis de même. L'amitié se fait
connoître par des dehors engageans.
Quand on les néglige on n'est pas
digne d'être aimé ; je ne vois point
de loi qui autorise les flegmatiques à
conserver leur air glacial. Si l'on est
trop froid, l'amitié vaut bien la peine
qu'on s'en corrige. Tout homme qui
ne fait pas d'efforts pour se réformer,
est un pauvre homme.

LETTRE CV.

VOUS aurez beau me répéter qu'une maison de campagne n'eſt agréable qu'autant qu'elle eſt parée, vous ne me convaincrez pas. La ſimple nature doit faire preſque tous les frais d'une habitation ruſtique ; & l'on ne doit y employer l'art, que pour le commode & l'utile : mais nous n'aimons la ſimplicité champêtre, que dans les fictions poétiques ; alors une chaumiere, un repas agreſte, un lit de gazon nous paroiſſent préférables à toute la magnificence des palais.

Pour moi, je ſuis conſéquent. J'aime à réaliſer dans la campagne, les plaiſirs qu'on trouve à lire les églogues de Virgile. J'aime à n'y avoir pour tapiſſeries que des feuillages, pour rideaux que l'ombre des buiſſons, pour mets que ce qu'une terre peut produire.

Laiſſons à la mode & à la vanité rechercher des bâtimens vaſtes, des tables fomptueufes, des ameublemens précieux ; & contentons nous de ce qui doit fuffir à un homme mortel. N'eft-il pas ridicule qu'on ne puiffe plus habiter une fale à moins qu'elle n'ait vingt pieds de hauteur.

Nous avons trouvé le fecret d'être en campagne fans quitter la ville, & nous avons perdu l'heureufe habitude d'aller prendre nos repas fous un feuillage où fur le bord d'un ruiffeau, de nous paffer de domeftiques, pour pouvoir être nos maîtres ; & de manger dans les arbres mêmes, ce que nous appellons le deffert.

On a beau raffiner, le raffinement ne fera jamais partie des délices de la campagne ; & il fera toujours vrai de dire qu'il n'y a point de vrai plafir, ou règne l'art & l'oftentation.

Quand viendra le tems où nous n'entendrons plus répéter : Je ferois abbatre tel bâtiment, parce qu'il eft trop gothique ; embellir telle maifon, parce qu'elle eft trop fimple, percer tel bois ; parce qu'il eft trop brute. Nous traitons la nature en ennemie, nous employons toutes fortes d'artifices

ifices pour la défigurer. Il n'y a pas jufqu'aux arbres que nous avons af-sujeti à nos modes & à nos bizarre-ries.

Si jamais j'achète une maifon de campagne, je donnerai l'exemple de la plus grande fimplicité. Ceux qui n'en feront pas contens n'y viendront point; &, en ce cas, je ne perdrai que des gens frivoles.

LETTRE CVI.

Si vous voulez voyager, il eft tems de partir. Je vous permets de courir tant qu'il vous plaira, pourvu que notre correfpondance n'en fouffre point.

LETTRE CVII.

Je ne m'attendois pas à la nouvelle que vous m'apprenez. Ce fera réelle-ment la comédie du philofophe ma-

rié, que l'établiſſement de M. * * * * *
A-t-il bien fait ? a-t-il mal fait ? la ſuite
en décidera ; mais il eſt certain qu'un
ſçavant bouru eſt rarement bon époux.

Le jeune militaire auquel vous vous
interreſſez a pris un ton tapageur &
déciſif qui le rend odieux à ceux
qui le fréquentent. Il jure à tout propos, s'imaginant comme bien d'autres
que des juremens continuellement ré-
pétés, annoncent la bravoure & l'in-
trépidité. Le courage eſt bien mal
étayé, quand il n'a que des mots pour
appui. On n'a vu que la mauvaiſe
compagnie, lorſqu'on tient de mauvais
diſcours.

Je n'ai point encore été curieux
d'aller voir la ſingulière maiſon de
l'homme ſingulier. Comme il n'a qu'un
mérite ordinaire, il aura voulu attirer
les yeux du public, par cette originá-
lité. L'amour-propre eſt ſi fertile en
ſtratagêmes, qu'il n'y a rien qu'on n'i-
magine pour ſe donner du relief.

Vous avez parfaitement défini
M. * * * * *, en l'appellant la creſſelle
du Parnaſſe. Il étourdit tout le monde de vers, tant bons que mauvais, &

malheureusement il ne veut que ver-
fier. Je le plains ; c'est un genre de
travail bien peu estimable, à moins
qu'on n'y excelle, & surtout depuis
que la poësie Françoise a des Corneil-
le, des Racine & des Voltaire.

LETTRE CVIII.

Si je connoissois moins votre esprit, &
votre main, je n'aurois jamais pu déchiffrer votre dernière. L'abbé****, qui
se trouvoit chez moi, lorsque je l'ai
reçue, s'imagina que c'étoit du Syria-
que. Je ne pense pas que vous ayez la
manie des grands, qui affectent d'é-
crire le plus mal qu'il est possible ; mais
je vous prie avec toutes sortes d'ins-
tances, d'appuyer davantage sur ce
que vous tracez. Il faut au moins que
les lettres paroissent.

Le comte n'est plus reconnoissable
depuis qu'il fréquente nos femmes à
la mode. Il a pris leur air, leur jargon, presque leur manière de se mettre. C'est assez la méthode de nos

élégans. Ils flattent & retrouffent
leurs cheveux, comme une petite maî-
treffe, & ils n'ont jamais plus d'im-
pertinence, que lorfqu'ils fe font voir
ainfi calamiftrés. Dieu nous préferve,
dit un auteur Allemand, d'un François
qui defcend d'une chaife de pofte
avec tout l'attirail de la frivolité : l'é-
clair n'eft pas plus vif, ni le tonnerre
plus bruyant. Il femble que tous ceux
qui l'approchent doivent un tribut à
fa parure & à fa fierté.

Vos réflexions fur l'efprit du monde, font toutes à vous. Cet efprit,
comme vous l'obfervez très-bien, n'eft
qu'une routine d'intrigue & de mots;
on fçait s'avancer, on fçait parler, &
voilà toute la merveille.

<hr>

LETTRE CIX.

Votre ami ne voit plus le feigneur
avec lequel il étoit intimement lié. Il
s'eft avifé de lui préfenter un mémoire en faveur d'un parent, & cette démarche a déplu. On eft prefque affuré

é de perdre la protection des grands, ∣-tôt qu'on la follicite, malgré les ∣ffres de fervices qu'ils font continuel-∣ement. Il y a quinze jours que je me ∣iens claquemuré comme un reclus, ∣mais je vais prendre l'effort. Les in-∣vitations font faites pour qu'on y ré-∣ponde, & il ne convient pas de tou-∣ours bouder. Je me tournerai du cô-∣é des forêts. Elles ont le talent de ∣me féduire, de manière à ne pouvoir ∣réfifter.

Le chevalier ne paroît que très-rarement chez la comteffe. Il penfe avec raifon, que s'il fe livroit à fes importunités, il feroit obfédé. Il n'y a rien dont on ait plus de peine à fe débarraffer, que d'une femme qui com-mence à vieillir, & qui aime le jeu. Elle tend fes gluaux dès la veille, pour avoir du monde le lendemain : encore s'il ne falloit que jouer, mais il faut toujours perdre.

L'abbé * * * * * vient d'avoir un ex-cellent bénéfice, & le chevalier qui le connoît, prétend qu'on a payé fon mérite à mille pour cent. Ce qu'il y a de certain, c'eft qu'il n'a jamais don-

né des preuves de fçavoir & de faga-
cité. Il eft un de ces hommes qui n'ont
pas de plus importante occupation que
celle de digérer.

LETTRE CX.

Si-tôt que cette lettre vous rejoin-
dra, dans quelque pays que ce puiffe
être, accufez m'en je vous prie la ré-
ception. Je fuis tellement accoutumé à notre commerce épiftolaire, que
je me trouverois hors de ma fphère,
s'il venoit à manquer.

Le pays que vous allez parcourir,
ne laiffe pas que d'avoir des beautés.
Des montagnes, des bois, des rochers,
font un fpectacle intéreffant aux yeux
d'un philofophe. Mon plaifir eft de
me trouver quelquefois dans leur voifinage ; & de les voir fe couvrir infen-
fiblement des ombres de la nuit. Cette
image retrace le déclin des âges, &
nous fait voir que tout paffe, & que
tout finit.

J'ai beaucoup ri de votre dame qui

ne peut jouer qu'avec des cartes par-
fumées, & qui veut que ses femmes
de chambre & ses gens, soient à la
bergamotte & au jasmin. La sensua-
lité dégénère maintenant en folie. On
a tellement épuisé les plaisirs, qu'en
ce genre on ne pourra plus rien imaginer.

LETTRE CXI.

LES villes qui bordent la Loire, &
que vous allez parcourir, vous amu-
seront par leur variété. Vous trouverez que, quoique voisines les unes des
autres, elles ont toutes des usages qui
les différencient. On joue à Blois, on
mange à Tours; on calcule à Saumur;
on sonne à Angers; on se promène à
Nantes. Vous ferez très-bien de ne
prendre point d'autres voitures le long
de la Levée qu'un cabriolet. C'est le
moyen de jouir des points de vue qui
sont admirables.

L'Orient vous plaira d'abord, ensuite il vous ennuiera. Outre que des

rues tirées au cordeau laſſent bien-
tôt par leur uniformité, vous ne trouverez que des habitans occupés de la
navigation, & qui ne ſe lieront point
avec vous, ſi vous n'êtes ſur le point
de vous embarquer pour l'Amérique,
ou pour les Indes. C'eſt un pays comme la Hollande, où, lorſqu'on vous
voit, on ſuppute ce que cela doit rendre; & lorſque cela ne rend rien, on
vous laiſſe là. Le temps n'eſt précieux
à perſonne, comme aux gens inté-
reſſés. Ils en comptent toutes les mi-
nutes pour les mettre à profit.

Vous paſſerez par la petite ville
d'Auray, où les auberges n'annoncent
que la bonté du lieu; mais où l'on
peut faire la meilleure chère & à meilleur prix. Le poiſſon de mer, & le
gibier s'y trouvent en abondance. La
campagne y eſt charmante, l'air excellent, le peuple fort gai; de ſorte
que c'eſt vraiment le ſéjour de ceux
qui aiment à vivre, & qui n'ont qu'u-
ne fortune bornée.

Donnez-moi des nouvelles de tous
les endroits où vous ſéjournerez. J'aime mieux lire vos lettres, que toutes

les brochures du temps. On y trouve
l'agréable & l'utile, c'est-à-dire, ce
qu'Horace appelloit le point de perfection.

LETTRE CXII.

Vous vous flattiez à tort de parler
au feigneur que vous avez rencontré.
Les grands qui voyagent font tellement environnés, qu'ils n'ont, ni le
loifir d'entendre, ni celui de voir. Ils
apperçoivent tout le monde, ne dif-
tinguent perfonne, & ne fe débarraf-
fent des importunités, qu'en promet-
tant plus qu'ils ne peuvent accorder.

C'est une terrible chofe que d'être
grand. On a des affaires, des honneurs, des valets-de-chambre, des
courtifans, qui ne laiffent ni la liberté de faire ce qu'on veut, ni d'entendre qui l'on veut.

La dame, dont vous me parlez, ne
converfe qu'à propos, & avec difcrétion. Elle fçait qu'on n'a pas toujours
de l'efprit; & que c'est une prudence

de se taire, dès qu'on commence à s'en appercevoir.

Bon Dieu ! que je vous desirai hier dans une société toute composée d'originaux ! On agita les plus singulières questions ; de sorte que vous vous seriez amusé tout au mieux. La marquise s'y trouvoit, & faisoit le rôle de la femme docteur. Vous sçavez comme elle babille, quand elle donne carrière à la volubilité de ses pensées.

Le gros chanoine qu'on appelloit le chrétien d'été, parce qu'il n'assistoit jamais à l'Eglise que dans cette saison est mort en revenant des eaux. Son épitaphe ne sera pas longue à faire, dût-on raconter toute sa vie. On vient m'arracher à moi-même, en m'arrachant à vous ; mais il faut que je vous laisse, pour répondre à deux étrangers qui veulent me parler.

LETTRE CXIII.

Les deux hommes qui abrégèrent malgré moi la lettre que je vous écrivois, sont deux nobles Italiens que j'ai connus à Naples, & qui voyagent pour leur plaisir. Leur conversation est pleine de feu, & pour peu qu'on les entende, on s'apperçoit qu'ils ne sont pas éloignés du Mont-Vesuve. La richesse de leur langue qu'ils possèdent parfaitement, jointe à la vivacité de leur esprit, leur donne une supériorité digne d'envie. Ils tiennent un regiftre exact de tous les monumens, & de tous les personnages qu'ils ont occasion de voir. C'est le moyen de voyager avec satisfaction & profit.

Je fuis ravi d'apprendre que le changement d'air améliore votre santé. La dissipation est un excellent remède pour un homme de cabinet. La secousse rend aux membres leur élasticité. La vie trop sédentaire engendre plus de maladies, que la fatigue & l'agitation ;

elle eſt la mère des paralyſies, des ſcia-
tiques & des apoplexies.

Je vous réſerve un livre d'or que vous
enchaſſerez dans votre propre cœur :
ce ſont des maximes philoſophiques
tirées des plus grands hommes, &
qu'on peut appeller un abregé de
morale & de religion. Cet ouvrage
eſt le fruit des recherches d'un auteur inconnu, qui jouit du plaiſir de
ſervir ſa patrie ſans en attendre récom-
penſe ; il y a encore des ames céleſtes.

LETTRE CXIV.

Je lis actuellement un livre d'anecdotes ſecrettes, dont il faudroit ſup-
primer les deux tiers. On met une
telle importance dans tout ce que diſent les grands, qu'on donne pour
merveilleux juſqu'à leurs diſcours les
plus ordinaires. Qu'on recueille des
paroles & des faits qui ſe rapportent
aux révolutions des cours, & au gouvernement des états, à la bonne heure ;
mais qu'on mette au nombre des anec-

dotes, tout ce qui sort de la bouche des gens en place, c'est ce moquer du public.

J'aimerois autant qu'on vînt nous raconter les détails de tous les ménages & les conversations de toutes les sociétés. Les réflexions d'un particulier, ont souvent plus de solidité que celles d'un seigneur ; ses saillies, plus de justesse, & plus de sel ; chaque famille est en petit, ce que la cour est en grand : l'espece humaine seroit à plaindre, s'il n'y avoit que les courtisans, qui eussent le talent de penser & de parler.

J'eus l'autre jour une contestation assez vive à l'occasion de ces deux vers dont Malbranche est l'auteur.

Il fait le plus beau tems du monde,
pour aller à cheval sur la terre, & sur l'onde.

Mon antagoniste me soutenoit que notre philosophe les avoit composés sans s'appercevoir de la balourdise qui s'y trouve ; & moi, je prétendois qu'il ne l'avoit fait que pour tourner en ridicule les poëtes & la poésie dont il étoit l'ennemi. L'abbé de * * * * survint pendant que nous dis-

putions : on le prit pour arbitre, &
il n'héfita point à décider en ma faveur. Malbranche avoit un efprit trop
méthodique, malgré l'imagination
qu'on lui reproche, pour ne pas fentir
tout ce qu'il difoit.

Je vais imiter votre exemple, mais
en petit. Je compte partir demain &
voyager à dix lieues à la ronde : on
me met dans le goût d'aimer la campagne, comme vous voyez, moi qui
n'en étois nullement partifan. Il eft
vrai que ce n'eft pas pour y demeurer.

LETTRE CXV.

IL eft bon de voir le monde, avant
que d'en fortir. Ainfi profitez de votre vigueur & du temps, pour fatis-
faire votre efprit, & vos yeux. Vous
remarquerez des mœurs différentes
d'une province à l'autre ; & vous ob-
ferverez avec étonnement que les deux
tiers de la France ne parlent pas François, & que les divers patois ont plus

de rapports avec les langues étran-
geres, qu'avec celles du pays ; témoin
le bas Breton qui vient de l'Irlandois,
& le Provençal qui sort de l'Italien.

J'aime à confidérer ces nuances
qui caractérifent chaque peuple &
chaque perfonne ; elles font impercep-
tibles aux yeux de l'homme volage
ou diftrait, mais elles fe font appercevoir d'une manière frappante par
celui qui fe donne la peine d'examiner. Il n'y a pas deux chofes qui fe
reffemblent, foit dans le phyfique,
foit dans le moral. Le créateur a fi-
gnalé fa puiffance par une variété in-
finie ; chaque être, tant fpirituel que
matériel, porte un caractère diftinc-
tif qui n'eft propre qu'à lui-même.
Ni les grains de fable, ni les gouttes
d'eau, ni les humeurs, ni les efprits
n'ont une reffemblance entière & parfaite. Il eft digne de la majefté d'une
intelligence, à qui rien ne coûte, & qui
n'eft bornée ni par les lieux, ni par
les temps, de ne jamais fe répéter dans
fes productions. Nous ne faifons des
ouvrages que par imitation, parce que
nous fommes finis ; & l'on a beau

donner aux hommes fublimes, le titre audacieux *de génies créateurs*, il n'y a que Dieu feul à qui ce nom doive & puiffe convenir.

Avouez que je ne puis mieux égayer vos voyages qu'en vous écrivant de temps en temps fur des matières fi raifonnables & fi dignes d'être méditées. Je connois votre goût, & je voudrois être mille fois plus métaphyficien, pour pouvoir le contenter ; mais l'amitié fupplée à bien des chofes. Elle remplit les lacunes de l'ignorance, & elle rend précieux ce qu'il y a de plus commun.

LETTRE CXVI.

VOTRE dernière m'a paru le remède le plus propre à diffiper les vapeurs. La defcription que vous faites de vos rencontres & de votre gîte eft digne des auteurs les plus burlefques. Il ne s'agit réellement que de voyager pour trouver matière à rire. J'aime beaucoup à me repréfenter votre douillete perfonne étendue fur une botte de foin au milieu des vaches & des chèvres, qui, malgré tous vos efforts, travailloient à manger votre lit. Il eft fàcheux que ces fortes de divertiffemens ne puiffent fe prendre qu'aux dépens du fommeil.

C'eft vraiment un arche de Noé qu'un cabaret occupé par des payfans. On s'y trouve dans la compagnie de tous les animaux, mais c'eft alors qu'il faut favoir prendre fon parti. Les grandes routtes mettent à l'abri de ces incidens, & je vous confeille déformais d'aller votre grand chemin.

Vous avez raifon de vous plaindre de ces voyageurs qui difputent des heures entières pour payer quelques oboles de moins. S'ils fçavoient réfléchir, ils verroient que vingt jours de route à cinq fols de plus tous lesfoirs, ne font jamais que la fomme de cinq livres, & qu'il eft pitoyable d'ameuter toute une auberge pour un fi mince objet. Mais la plupart des hommes font l'inconféquence même ; ils emploient leur argent à mille inutilités, & ils n'en ont point dès qu'il s'agit de payer ce qui eſt raiſonnable.

Je relis le *Menagiana*, ce ramas d'hiſtoriettes & de bons mots,
où l'on trouve par-ci, par-là quelques anecdotes intéreſſantes, & qui
fournit tous les jours aux écrivains
ſtériles, le moyen de faire dēs livres à
peu de frais. Toutes ces collections de
pointes & de ſaillies qui paroiſſent de
temps en temps ne ſont que les œuvres
de Ménage, habillées diverſement. Il
y a des livres pour la campagne, &
pour la ville; & ce qu'on ne liroit
pas dans ſon cabinet, on le lit volontiers lorſqu'on eſt en voyage. L'a-
me, ainſi que le corps, aime à va-
rier ſa nourriture; &, par cette variété, l'on ſe préſerve du dégoût.

<hr>

LETTRE CXVII.

Je me hâte de vous donner des nouvelles de Madame de *****, qui n'a
ceſſé de me demander des vôtres. On
peut dire que, malgré ſon grand âge,
ſon eſprit n'a que vingt ans. Toujours

aimable, toujours enjouée : elle a le talent de captiver tous ceux qui l'écoutent, & de rendre son château le séjour de la meilleure compagnie. J'y ai passé deux jours, & c'est-là que j'ai trouvé ce petit homme si friand d'honneur, qui ne parle que des soupers qu'il a fait chez le comte, chez l'évêque, chez le duc. On voit qu'il ne cherche à placer un mot, que pour apprendre qu'il est lié avec tous les grands. Le chevalier ne l'appelle que *sa fatuité* ; & il faut avouer que ce titre est le seul qui lui convient.

La marquise s'enfonce de plus en plus dans son avarice, & son frère qui n'en est pas moins possédé qu'elle, lui a proposé le parti de se coucher dès neuf heures du soir, quand il ne fera pas clair de lune. Objet digne de mépris & d'indignation.

Si j'apprends quelque nouvelle du mariage de M. * * *, je vous en donnerai aussi-tôt avis. Il reste le seul d'une famille où les vertus furent héréditaires ; & en conséquence, il ne peut mieux faire que de s'établir.

LETTRE CXVIII.

JE suis inconsolable. Un ecclésiasti-
que de mes amis, appliqué à vanger
le siècle des outrages de l'irreligion,
est à toute extrêmité. Je le voyois
souvent ; &, quoique je fusse toujours
mécontent de moi-même, toutes les
fois que je l'observois, je ne me las-
sois point d'être avec lui. Les promenades que nous fîmes souvent ensemble, les entretiens que nous eûmes
sur divers sujets ; tout cela se retrace
maintenant dans mon esprit, de manière à navrer mon cœur.

J'aurois quelque espérance dans sa
jeunesse, & dans l'habileté du médecin qui le voit, si la foiblesse de sa
complexion n'étoit pas un obstacle
au recouvrement de sa santé. L'homme, en vérité, n'est qu'une feuille que
le vent emporte ; qu'une ombre qui
rétrograde à mesure que la lumière de
l'éternité s'avance

LETTRE CXIX.

La lecture, dont vous me vantez les avantages & les charmes, seroit encore bien plus agréable si l'on retenoit tout ce qu'on lit ; mais l'on est heureux lorsqu'on en conserve un seul quart. Les affaires, les chagrins, les plaisirs, les distractions, font évaporer la meilleure partie de ce que nous puisons dans les livres. Il n'y a que quelques mémoires privilégiées qui se trouvent dans le cas de l'exception.

J'ai reconnu Orléans au tableau que vous m'en avez tracé ; & je pense avec vous que la nouvelle rue toute riante qu'elle est, ne sert qu'à faire paroître le reste de la ville plus antique & plus affreuse. La cathédrale deviendra un chef-d'œuvre quand on voudra ; mais il semble qu'on craigne de la finir.

Je suis ravi de ce que vous avez trouvé dans la bibliothèque des Bénédictins, l'état de toutes les paroisses

du Royaume, que vous defiriez connoître. Il feroit à fouhaiter qu'on fit
le même détail de tous les châteaux,
avec une note inftructive fur leurs titres, & fur les feigneurs qui les pof-
sèdent. C'eft peut-être le feul dictionnaire qui refte à faire. Celui qu'on
appelle géographique, & dont M.
de Vaugiens eft l'auteur, a befoin d'ê-
tre réformé dans ce qui concerne les
diftances.

LETTRE CXX.

IL n'eft pas poffible d'imaginer jufqu'où va la folie des perfonnes qui donnent dans la cabale. Je viens de converfer avec deux femmes qui ont été
duppées par un avanturier cabalifte,
& qui ne font pas moins anthoufiaftes
de fa prétendue fcience, & de fes prétendus fecrets. Il leur a fait croire
qu'il n'avoit point d'âge ; l'époque de
fa naiffance étant reculée de manière
à ne pouvoir s'en fouvenir ; que la nature étoit entre fes mains, & qu'il en

dispofoit à fon gré ; que la grandeur de fon extraction l'égaloit pour le moins à tous les fouverains ; & elles ont adopté fes rêveries avec la plus entière confiance.

La coutume eft parmi les François de raffoller d'un étranger qui fçait prendre un air de myftere, parler en termes fcientifiques, & jouer le rôle d'alchymifte, ou d'aftrologue. A peine paroît-il qu'on cherche à le connoître, qu'on veut abfolument l'admirer. Il eft vrai que cette enthoufiafme n'eft que paffager ; mais il a tout l'air d'une rage quand il commence.

Lorfque je me rappelle que M^{de}. de * * * * * ofa m'affurer un jour, qu'un homme que je voyois dans fon hôtel, & qui fembloit tout au plus âgé de foixante ans, avoit été page de Louis XIII, & qu'il ne s'étoit ainfi confervé que par la vertu d'un élixir miraculeux dont elle fçavoit la compofition, je m'imagine réellement rever ; cependant elle m'a tenu ce propos, & vous n'en doutez pas.

Cela reffemble parfaitement aux

extravagances d'un autre femme que tout le monde a connue, & qui dépensa tout son bien pour voir le diable, tandis qu'elle ne croyoit pas en Dieu. Des charlatans vinrent de tous les pays profiter de son argent, & de sa crédulité, & ne lui laissèrent en partage qu'un ridicule éternel, dont elle seule ne s'apperçut jamais. Sitôt que le fanatisme démonte un cerveau, il n'y a point d'absurdité qui ne paroisse vraie.

Notre ame créée pour s'élever jusqu'aux choses les plus sublimes, aime naturellement le merveilleux ; mais au lieu de le chercher dans sa source on se fait des chimères qu'on suppose être des prodiges, & qui ne sont que l'effort d'une imagination déréglée. Un homme de bon sens ne voit rien, là où un homme enthousiaste voit tout. Il en est de l'enthousiasme comme de la peur. Quiconque à le malheur de s'y abandonner, prend des ombres pour des fantômes, des pigmées pour des géans.

Si vous traversez l'Anjou sans aller voir M. de *********, comme

vous

vous me l'avez promis, nous aurons un procès. Vous connoîtrez un de mes meilleurs amis, & qui sûrement deviendra le vôtre. Il a tout ce que Pline exige d'un véritable ami, esprit naturel, ame droite, caractere doux, cœur excellent.

LETTRE CXXI.

LE retardement de votre dernière, m'auroit vivement inquièté, si je ne sçavois par expérience combien les voyages prennent de temps, & causent d'embarras. Vous avez raison de dire que la crême de Blois veloute l'estomac & parfume le palais. C'est un mets que la Reine de Pologne, veuve du fameux Sobieski, appelloit *l'ambrosie des souverains*, & dont un Gascon, qui alloit aux isles, auroit voulu faire une pacotille, s'il eût trouvé des assureurs.

J'ai passé toute la semaine dernière avec les ouvrages de M. de Buffon. C'est la meilleure société que je con

Tome II. K

noiſſe. On m'a promis de vous envoyer inceſſament le dernier volume ;
il vous attachera autant que le premier. L'eſprit de l'auteur ne s'eſt ni
ralenti, ni laſſé.

Votre compagnon de voyage ne
me dit mot depuis longtemps. S'il
faiſoit froid, je croirois qu'il a les
doigts gelés. Réveillez-le je vous prie
de ſa l'éthargie. Il mérite d'être re-
lancé.

LETTRE CXXII.

Tout ce que les habitans d'Am-
boiſe vous ont dit à la louange de madame la ducheſſe de Choiſeul, n'eſt
qu'une répétition des éloges qu'on lui
donne à Rome, à Vienne, à Paris,
à la Cour. Elle ne connoît de plaiſir que celui de faire des heureux ; &
cette grandeur d'ame, ſi rare dans le
ſiècle où nous ſommes, s'allie parfaitement avec la magnanimité d'un
époux, dont le miniſtère honore le
ſiècle & la nation ; & dont l'eſprit

n'eſt nullement ſujet à la prévention.

Chantelou s'annonce d'une manière qui vous aura plû. Il ſemble faire
revivre une partie de cette magnificence Romaine, dont on ne trouve
plus de veſtiges que dans des ruines,
& dans des hiſtoires. Je ne doute
point que vous n'en ayez parcouru toutes les beautés d'un œil attentif & curieux.

Il me paroît que le ſoleil vous traite avec beaucoup d'honnêteté. Je lui
ſçais le meilleur gré du monde, d'a-
voir pris un voile pour ne pas vous
incommoder. Il n'eſt pas ſi galant dans
le pays où nous ſommes. Il nous brûle
ſans miſéricorde, auſſi-tôt que nous
mettons le viſage à l'air.

<hr>

LETTRE CXXIII.

Votre dernière, écrite de Tours,
me laiſſe entrevoir que cette ville auroit pour vous des attraits. Cependant c'eſt une ville à refaire ; quoiqu'il faille convenir qu'on eſt dédommagé par un mail & des dehors ra-

viſſans. Le monde outre cela y eſt
moins médiſant qu'ailleurs, & il n'y
a point de pays où les familles ſoient
plus unies.

On vous aura dit qu'Henri IV
trouva les deux tours de la métropole
travaillées avec tant de délicateſſe &
d'art, qu'il demanda ſi elles avoient
des étuis. C'eſt un gothique en miniature dont l'aſpect frappe tous les voyageurs. *La galère* où vous avez logé, étoit
connue du temps de madame de Sévigné, comme une très-bonne auberge.
Vous n'aurez remarqué au tombeau de
S. Martin ni décorations, ni richeſſes
mais il eſt ſi vénérable par lui-même
qu'il n'a beſoin d'aucun ornement.
Vous ne me dites rien du Louvre de
Louis XI, connu ſous le nom *du*
Pleſſis. A peine feroit-il aujourd'hui
la maiſon de campagne d'un ſimple
bourgeois. Ne manquez pas de voir
le berceau des Minimes, parmi leſ-
quels on compte pluſieurs phyſiciens
célèbres, tels que Mercenne, Mais-
gnan, Feuillete, Plumier, le Seur &
Jacquier. Ces deux derniers vivent
encore.

L'un s'est distingué par un commentaire sur Newton, l'autre par une philosophie latine divisée en quatre tomes & accomodée à l'usage des professeurs, de manière à devenir un jour l'enseignement de tous les colléges, si l'on veut réellement perfectionner l'éducation.

Défiez-vous du sçavoir de cet homme qui paroît ne rien ignorer. Il sera sûrement superficiel, s'il est universel; & je me le persuade d'autant mieux, qu'il est jaloux du mérite des autres de manière à ne pouvoir les souffrir.

LETTRE CXXIV.

J'AVOIS déjà entendu dire que le pont qui se fait à Tours, sera digne des Romains. Ces ouvrages immortalisent le corps des ingénieurs, & le rendent précieux à l'état.

Richelieu que vous avez vu, n'est en effet qu'un modèle de ville; mais son château paroît l'abrégé des beautés de la France & de l'Italie. C'est

dommage qu'on ne puisse y arriver
que par des routes impraticables &
détournées. Un monument si magnifique méritoit au moins les honneurs
d'un grand chemin.

J'ai dîné chez votre ancien vassal,
c'est-à-dire que je l'ai saisi dans le moment précis où son mérite paroît ;
car il en est de son esprit d'un midi
jusqu'à l'autre, comme d'une noblesse
qui dort chez un gentilhomme qui
trafique. Il nous a donné un repas
en homme qui travaille à se ruiner.

Les riches sont les artisans de leur
malheur. Ils s'appauvrissent presque
tous par une excessive prodigalité,
ou par une sordide avarice. C'est la
consolation des petits. On méprise
les grands biens, lorsqu'on voit ce
qu'il en coûte pour les posséder.

Je retourne à la ville après avoir
fait une cavalcade excellente pour la
santé ; & demain je visite l'hermitage du chevalier, où je suis attendu
depuis quelques jours.

LETTRE CXXV.

QUE n'étiez vous à mon côté, lorsque j'ai parcouru toute la maison du chevalier ? J'ai voulu tout voir , & j'ai vu que tout y étoit bisarre, comme sa personne. C'est un pavillon en l'air qui se soutient je ne sçais comment & qui n'a de jour que par des plafonds vitrés. Les lits posés sur des pivots tournent comme on veut moyennant un ressort qui les fait mouvoir, tous les siéges ont des roulettes, & tous les tableaux remuent aussi-tôt qu'on marche.

Le chevalier prétend que la nature étant dans un mouvement continuel, nous devons la copier dans tous nos ouvrages, & qu'il n'y a rien de plus ennemi de l'homme que le repos. Je craignois que la table ne se ressentit de cette étrange agitation; mais heureusement elle a été solide jusqu'au dessert, temps où des jets d'eau sont venus former un étang de la fale où nous mangions. Alors tout le monde a fui, & l'agrément de la furprife nous a fait oublier que nous étions mouillés jufqu'à mi-jambe : on fe confole facilement d'une pareille épreuve au milieu de l'été.

Les jardins ne font pas moins fin-guliers que la maifon. Le parterre tout en corbeilles roulantes prend la forme qu'on veut à l'aide d'une multi-tude de bras ; de forte qu'on eft étonné de retrouver le foir un deffein différent de celui qu'on a vu le matin.

Ce qui m'a plus davantage, eft une fale qui n'a point d'autre tapifferie qu'une charmille naturelle, & qui con-ferve fa fraîcheur. Toute cette mé-canique confifte dans un plafond qui ne fe ferme qu'a l'heure du foupé, & qui refte enfuite ouvert, pour con-ferver aux plantes la végétation qu'el-les empruntent de l'air.

Nous avons toujours été dans les étonnemens. Le chevalier a fait les honneurs à fa façon, & n'a point man-qué de placer à propos les faillies les plus propres à réjouir la compagnie. Il aime à parler prefqu'autant que rmoi, mais je voudrois pour beaucoup parler comme lui.

Il nous a montré ses troupeaux, parmi lesquels il compte neuf personnes de son voisinage. Il m'a sommé d'aller le revoir, & de vous y mener; il dit toujours qu'il sera moins caustique, mais il ressemble au cardinal le Camus qui promettoit tout en ce genre, & qui ne tenoit rien. C'est un homme chez qui le bon mot précède la réflexion.

LETTRE CXXVI.

Le chapitre de S. Martin s'est de tout temps signalé par son assiduité à l'office, & par la dignité avec laquelle il le fait. Vous sçavez qu'il a l'honneur d'avoir le Roi pour abbé, & monseigneur le Dauphin pour chanoine. La bible dont il est en possession est un manuscrit précieux. Vous n'en aurez pas trouvé de semblables dans la bibliothèque de Marmoutier, qui, toute bonne qu'elle est, ne répond ni à la renommée, ni à l'antiquité de ce célèbre monastère.

Je retrouve l'ami dont je vous ai parlé, toujours dans le même état, toujours avec une fièvre qui le dévore, toujours environné de médecins, de chirurgiens & de domestiques qui craignent, & qui n'osent prononcer s'il guérira ou s'il périra.

C'est une terrible situation qu'une vie qui ne tient plus qu'à un fil, qu'une ame qui lutte pour rester dans un corps, & que la violence du mal en veut arracher ; qu'un homme étendu sur un lit & qu'on saigne, qu'on ventouse, qu'on médicamente. L'orgueil & & l'ambition ne trouvent pas leur compte à voir un spectacle aussi humiliant. Qu'on se sent foible & petit quand on approche d'un ami prêt à s'éteindre ! il semble alors qu'on ne fait qu'une seule & même chose avec lui, & que l'univers n'est plus qu'un séjour d'affliction & d'horreur.

LETTRE CXXVII.

Vous deviez reſter plus d'un jour à Saumur. L'abbaye de S. Florent mé-ritoit une viſite de votre part. Elle eſt ſituée de manière à égayer les perſon-nes les plus ſombres. Quant à la mai-ſon de l'Oratoire, je m'attendois bien que ſa renommée vous engageroit à y entrer. Le détail que vous m'en faites annonce un édifice dont on a vu tou-te la beauté, lorſqu'on en a côtoyé les murs. Ménage diſoit que cette communauté étoit la demeure des li-vres & des ſçavans. Il ſçavoit la va-leur de meſſieurs de l'Oratoire, que les gens du monde ne connoiſſent que très-imparfaitement. On confond ce corps qui eſt une ſociété d'éccléſiaſ-tiques, où il n'y a ni vœu, ni aucu-ne ſorte d'engagement, avec les or-dres Religieux. Les auteurs même du dictionnaire encyclopédique tombent à ce ſujet dans une contradiction ma-nifeſte. Ils commencent par expoſer

K vj

que les prêtres de l'Oratoire jouissent
de leurs biens & de leur liberté ; &
ensuite ils finissent par les appeller des
religieux.

Il falloit dire avec le grand Bossuet que cette congrégation purement séculière n'a point d'autre esprit
que celui de l'église, d'autres règles
que ses canons, d'autres liens que sa
charité, d'autres vœux que ceux du
baptême ; qu'on y obéit sans dépendre, & qu'on y gouverne sans com-
mander.

Elle a produit des hommes célèbres en tout genre ; & c'est de son
sein que sont sortis Eustache & Jean-
Baptiste Gault, évêque de Marseille ;
Mascaron, évêque d'Agen ; le Boux,
Evêque de Périgueux ; Soanen, évêque de Senès ; Massillon, évêque de
Clermont ; Surian, évêque de Ven-
ce ; Senault, Morin, Thomassin, l'A-
mi, Raynault, Delatour, enfin Mallebranche, qui seul suffiroit pour im-
mortaliser l'Oratoire, ainsi que le siècle & la nation.

J'ai connu un père de famille qui
voulut que ses fils entrassent dans cet-

te école, pour y passer les années critiques, & pour y prendre un goût de religion & de littérature qui les rendît propres à tous les emplois. Ils en sortirent au bout d'un certain temps, excepté l'aîné qui voulut y rester ; & l'un devint un parfait militaire, & l'autre un excellent magistrat.

J'attens incessamment de vos nouvelles de Nantes, où sans doute vous me direz un mot de la ville d'Angers & de ses environs. Elle est assez fameuse par son antiquité, & par les hommes illustres qu'elle a produits, pour qu'elle trouve place dans votre mémoire & dans vos lettres.

LETTRE CXXVIII.

Vous avez évité le reproche que je vous aurois fait à coup sûr, en traversant la Loire pour visiter le monastère de S. Maur. C'est-là, suivant une légende que les Italiens n'adoptent point, que ce fameux disciple de S. Benoît vint établir les premiers Bénédictins, qui parurent dans le royau-me ; de sorte que cette abbaye est le Mont-Cassin des François.

Le détail que vous me faites de la sale synodale d'Angers est des plus amusans. On y remarque en effet dans la suite des évêques qu'on y a peints en grand, la succession des modes & des usages. Les premiers s'annoncent avec un visage austère, une ample barbe, un habit grossier ; les seconds ne portent plus qu'un simple toupet au menton, ont les cheveux moins négligés, l'air plus riant & plus facile ; enfin les derniers, sçavoir ceux de ce siècle-ci, sont tout-à-fait élégans dans leur parure & dans leur maintien. Voilà comme les siècles varient, & malheureusement les mœurs se ressentent de cette variété. L'homme ressemble à ses habits, dit Sénèque, comme il ressemble à ses discours.

Si vous aviez hâté votre voyage, vous auriez vu la procession de la fête Dieu que les Angevins appellent le *sacre*, & qui, par sa pompe & par son affluence, forme un spectacle assez semblable aux fêtes d'Italie. Je me souviens d'avoir autrefois assisté à cette cérémonie, qui n'a été établie avec autant d'éclat, que pour réparer les erreurs de Berrenger, archidiacre d'Angers ; mais qui seroit infiniment plus majestueuse, s'il y avoit de l'ordre & du recueillement.

On me mena jeudi dernier à la campagne d'une petite maîtresse des plus singulières que j'aie jamais vue. C'est une femme qui sonne à deux heures après minuit pour demander un bal, comme les autres demandent un bouillon, qui fait rassembler ses gens, & ses voisins quand elle peut pour former une danse à la hâte, & qui crie qu'elle va périr si elle n'a ce secours. Vous avouerez que cette originalité, ou plutôt cette extravagance, manque aux caracteres de la Bruyère.

Notre pauvre esprit est sujet à bien des vertiges, & ce ne sont pas toujours les plus grandes folies qu'on renferme aux petites maisons.

Le baron est parti d'ici avec l'agrément de tout le monde. Il étoit ſi brutal , il avoit un ton ſi inſolent qu'on redoutoit ſa converſation & ſa préſence , comme on craint une tempête.

J'ai été menacé de la fiévre , j'en ai eu tous les préliminaires ; mais heureuſement l'uſage de l'eau fraîche m'en a préſervé. Elle roula pendant deux jours dans mon corps , comme un torrent que rien n'arrête. C'eſt une excellente boiſſon en maladie comme en ſanté , mais ceux qui en uſent mangent davantage & digèrent promptement , ſelon la remarque d'un médecin qui dit très-joliment que l'eau a des dents. *Aqua dentes habet.*

LETTRE CXXIX.

Vous m'avez obligé , & vous vous êtes obligé vous-même en vous détournant de quelques lieues , pour voir l'ami dont je vous avois parlé. Je ſuis charmé de ce que ſon accueil , ſes manières & ſon excellent cœur vous ont dédommagé de votre peine , & le rendent digne de votre amitié. Je fçavois bien que vous en jugeriez comme moi , lorfque vous le verriez. Ses terres font le rendez-vous des meilleures perdrix de la province. Je les ai parcourues autrefois avec ce contentement qu'on éprouve lorfqu'on eft chez des amis fans hu-meur , & fans fard.

Nantes doit vous plaire. Ce feroit un féjour agréable , fi l'air y étoit plus pur , de même que le quartier de la foffe feroit magnifique , fi l'irrégu-larité des maifons n'en déparoît la beauté. On ne reconnoît plus cette ville , ainfi que les chemins de la Bre-tagne , depuis que M. le duc d'Ai-guillon s'eft donné tous les foins pof-fibles , pour les faire réparer & pour les faire embellir. Il n'y a point de voya-geur qui ne publie fon éloge.

La femme dont vous me parlez eft dans le cas du plus grand nombre. Elle n'a que le prélude de la con-verfation , c'eft-à-dire , ce qu'on ap-pelle l'ufage du monde. Elle fçait fai-re un compliment avec élégance fur l'ajuftement & fur la fanté , parler du vent, ou de la pluie, du chaud ou du froid, & voilà comme on eſt ſouvent duppe des femmes, en les admirant au-de-là de ce qui leur eſt dû.

LETTRE CXXX.

JE n'ai point été ſéduit par les démonſtrations de M. de ....: il a, comme tous ceux qui ont lu beaucoup de romans & de tragédies, des ſentimens dans l'eſprit & non dans le cœur.

Vannes, où vous vous trouvez, eſt une des villes du royaume où l'on parle mieux François; & Rennes, où vous irez, un pays d'étude & de ſçavoir: les Bretons ne ſont plus ce qu'ils étoient du temps de madame de Sevigné. Plus de querelles parmi eux, plus d'intempérance. Ils n'ont conſervé de leurs anciennes mœurs, que la franchiſe, & l'attachement à la religion.

Le chevalier arrive dans ce moment, & me charge de vous dire que ſi vous voulez égayer votre voyage, vous verrez à Breſt un officier de marine qui s'appelle ✱ ✱ ✱ ✱ ✱ ✱. C'eſt un petit homme qui a vu tout ce qu'on peut voir dans les deux mondes, & dont les récits ſont les plus curieux & les plus amuſans. Il fait tableau toutes les fois qu'il paile, & l'on croit appercevoir les objets même qu'il dépeint.

Il n'en eſt pas ainſi de l'impitoyable narreur que nous connoiſſons vous & moi. Sa parole froide & lente, jointe à ſon air pédant, ne lui laiſſe que des auditeurs exceſſivement patiens. Il ſera bientôt réduit à ne parler qu'à ſes gens; encore faudra-t-il qu'il augmente leurs gages, s'il veut fixer leur attention.

Comme vous n'êtes ni aſſez preſſé, ni aſſez petit-maître pour voyager la nuit, je vous conſeille de ne faire que de très-petites journées, & de vous borner pendant ces chaleurs, à ne courir que le matin & le ſoir.

Vous aurez ſans doute entendu dire quelques mots de la conteſtation qui s'eſt élevée entre deux écrivains célèbres? Il y a toujours quelqu'endroit foible par où les grands hommes doivent payer le tribut à l'humanité. Ce qu'on appelle *moinerie* ne fe trouve pas feulement chez les moines, mais chez tous les hommes de quelque rang, de quelque efprit & de quelques pays qu'ils foient. Des minuties pires que celles des religieufes, brouillent tous les jours les perfonnages les plus diftingués par les talens; il ne faut qu'un rapport, qu'un regard, qu'un foupçon pour renverfer la tête la mieux organifée, pour faire trouver dans un ami qu'on adoroit il n'y a qu'un moment, toutes les foibleffes & tous les défauts. Sénèque avoit raifon de dire que, lorfqu'on vouloit voir un fou, on n'avoit qu'à prendre un miroir. L'homme eft l'affemblage de tout ce qu'il y a de plus ridicule & de plus inconféquent.

LETTRE CXXXI.

MON imagination ne galoppe pas moins vîte que vos chevaux. Je vole sur vos pas, & je vous vois maintenant entre Hennebond & l'Orient, c'est-à-dire, dans cette route si charmante, que les dames mêmes la font à pied par délectation.

Je ne doutois point que la petite ville d'Auray ne vous parût agréable ; & je vous sçais un gré infini d'y avoir passé deux jours en considération de ce que je vous en avois dit. La chartreuse qui se trouve dans le voisinage est réellement une imitation de celle de Paris, & c'est-là qu'on voit des beautés naturelles & solitaires ; faites pour une ame aussi philosophe que la vôtre. Vous n'aurez pas été moins enchanté du couvent de Sainte-Anne, dont les dehors champêtres captivent l'esprit & la vue. C'est un pélerinage, où les pélerins comme vous font très-bien reçus, & où l'on goûte les douceurs de la plus gracieuse hospitalité.

Le peuple Breton invite à la joie. Vous l'aurez vu fêtes & dimanches se livrer à la danse avec excès. Rien n'est comparable aux plaisirs villageois. Les riches ont beau donner des festins & des bals, rassembler à grands frais tout ce qui peut intéresser les sens & les flatter, ils ne viennent point à bout de goûter ce contentement qu'on éprouve, lorsqu'on ne tient qu'à la nature & à soi. L'ame n'est jamais pleinement satisfaite, tant qu'elle est partagée entre des affaires, des embarras, des servitudes & des projets.

Je soupois hier malgré moi chez notre épicurien. Sa maison est réellement une manufacture d'indigestions, & sa personne la gourmandise en réalité. Il mangea pendant deux heures sans interruption ; &, quand on lui représente qu'il peut en être incommodé, il se contente de répondre qu'il a soixante & dix ans passés, & que cette méthode lui a réussi. Je n'ai jamais compris qu'un homme fût assez esclave de sa bouche pour risquer des indigestions, des apoplexies, & pour donner plus

d'activité à des douleurs, & à des in-
fomnies. Je penfe comme Sénèque,
qu'il faut fçavoir goûter un bon morceau, & fçavoir s'en priver. Plutôt ne
jamais boire de vin, difoit Boileau,
que d'avoir le rhumatifme ou la goutte.

LETTRE CXXXII.

JE ne vois dans tous les reproches de
l'homme dont vous me parlez, qu'un
ingrat qui cherche des prétextes pour
n'être pas reconnoiffant. Défiez-vous
en général de tous ces perfonnages
qui ne veulent pas qu'on les oblige,
lorfqu'ils en ont befoin. C'eft un rafinement d'orgueil qui fuppofe une ame
altière, & qui craint d'avoir de la reconnoiffance & de l'amitié. Auffi le
grand Racine difoit-il à ceux qui lui
rendoient fervice : *Je vous aimerai,
quoique vous m'obligiez.*

L'abbé * * * * eft toujours pauvre
malgré fon mérite, fon fçavoir & les
ouvrages dont il enrichit le public. Il
a le malheur de n'avoir ni patrons,

ni prôneurs : il faut de la cabale pour
s'avancer ; ce fut le malheur de tous
les temps. Le Tasse lui-même mourut
indigent. L'histoire nous a conservé
le sonnet qu'il adressoit à sa chatte,
afin qu'elle lui prêtât ses yeux pour
pouvoir écrire pendant la nuit, parce
qu'il n'avoit pas le moyen d'avoir de
l'huile ou du suif :

Non aveva candela per i scrivere i suoi versi.

M. **** vient de mourir chargé
d'argent & d'années. Ses héritiers qui
le détestoient commencent à l'aimer.
Il étoit si effroyablement avare, qu'on
ne trouvoit jamais chez lui, quelque ri-
goureux que pût être le froid, qu'une
accolade de deux tisons qu'on avoit
mouillés, dans la crainte qu'ils ne vins-
sent à brûler.

LETTRE

LETTRE CXXXIII.

VOUS voilà donc à Breſt, avec des yeux appliqués à contempler la maïeſté des mers? Quel ſpectacle! quand on ſçait voir & raiſonner.

Si vous continuez à vous faire ſervir de la marée à tous les repas, vous en ſerez bien-tôt dégoûté. C'eſt l'hiſtoire de tous les étrangers, qui s'arrêtent quelque temps dans un port de mer.

L'ouvrage de M. * * * * ſe réimprime, augmenté de plus de moitié, quoiqu'il fut déjà trop prolixe. Quand verrons-nous mettre à la tête d'un livre *Nouvelle édition corrigée & diminuée?* J'en ai donné l'exemple dans mon *Univers énigmatique,* & je ſouhaite ardemment pour le bien public qu'il ſoit exactement ſuivi.

La plupart des livres ſe réduiroient aux deux tiers de moins, ſi l'on n'y mettoit rien de ſuperflu; mais l'eſprit ſe laſſe, & l'on tombe malgré ſoi dans

Tome II. L

des répétitions. La précision de Taci-
te n'est plus connue, parce qu'on ne
se donne ni le temps, ni la patience
de limer.

Il n'est cependant pas à souhaiter
que nos écrivains ressemblent à M.***,
cet homme, qui, membre de l'Académie la plus silentieuse qu'il y ait en
Europe, est d'une exactitude qui dégénère en puérilité. Qui dit un puriste,
dit presque toujours un personnage
minutieux. Eh ! qu'on nous donne de
bonnes choses, s'écrioit Mascaron, &
nous ferons grace aux mots. Vous
trouvez des gens, qui, après avoir
lû les ouvrages les plus solides, n'en
retiennent que quelques termes qui les
ont choqués ; & surtout dans ce siècle
où tout le sçavoir paroît se réduire
à une élégance d'épithètes & de style.
On ne veut pas faire attention que ce
n'est que la drapperie du portrait, &
qu'un tableau peut être excellent quoiqu'il pèche contre le coloris.

Bossuet a souvent négligé son style,
& l'on fait bien de conserver ces heu-
reuses négligences, pour faire voir
qu'un grand homme, occupé d'idées

fublimes, fe met au-deffus de l'art &
de fes règles.

Les perfonnes uniquement frappées
de la cadence & du choix des mots,
doivent écrire fur la langue, & ne lire
que des grammaires & des dictionnai-
res pour s'amufer.

<hr>

LETTRE CXXXIV.

OUI, la mer eft une image du monde ; & fes flots, comme nos paffions,
caufent fouvent de grands défordres.
J'aime à me repréfenter votre phy-
lofophie perchée fur les endroits les
plus éminens de Breft, & fe répan-
dant de-là fur la furface immenfe des
eaux, pour contempler les merveilles
du Tout-puiffant. Il n'y a point de
prédicateur qui parle des grandeurs
de Dieu auffi éloquemment que le
ciel & la mer. Ces deux élémens,
que l'horifon femble réunir, forment
un optique qui étonne l'ame, & qui
éleve.

J'ai fouvent paffé des heures en-

tières à contemplér cette écume &
ces coquillages que la mer repouſſe
avec fierté ; à voir comment au ſein
des tempêtes elle ſe replie ſur elle-
même, pour ne pas paſſer les bornes
qui lui ont été preſcrites dès le commencement du monde ; à examiner
les artifices d'une cupidité qui ſe joue
de ſa rage, & qui brave ſa perfidie
en couvrant ſes abîmes de navires &
de matelots.

Quand je penſe que le fils de votre homme d'affaires en papillotes,
en bas de ſoye, & le chapeau ſous
le bras, a fait le quart depuis Bor-
deaux juſqu'à Saint-Domingue, j'a-
voue que les petits-maîtres ont quelquefois du courage, & qu'ils ſe ſigna-
lent de manière à cauſer de l'étonnement.

Je ſuis bien aiſe de ce que vous
vous êtes contenté de dîner à bord,
ſans vouloir aller plus loin. Il y a
quelques années que deux meſſieurs
& deux dames arrivant à Dieppe
eurent fantaiſie d'eſſayer ſi la mer étoit
auſſi capricieuſe qu'on le publie. On
s'embarque en conſéquence pour aller

jufqu'à deux ou trois lieues. La mer étoit calme, autant que l'air étoit ferein, lorfqu'un orage venant à s'élever, le navire ne put réfifter à la fureur des vents, & remit en Angleterre maîtres & domeftiques, qui crioient miféricorde & qui maudiffoient leur fort. On n'avoit point d'argent pour payer, point de linge pour changer, & il fallut refter dans un miférable port, jufqu'à ce qu'on eût touché des fecours pour partir. La plus grande difficulté confiftoit à reprendre une route auffi périlleufe. Les femmes, chofes·incroyable, encouragèrent les hommes, qui fe difoient très-braves fur terre, mais qui étoient fort poltrons fur mer. Enfin, à force de repréfentations, on fait des fignes de croix; on tremble; on fe hafarde, & la navigation ne caufe plus que des foulèvemens de cœur, dont on fe confole. On crut entrer dans la terre promife, lorfqu'on aborda; & l'on jura bien qu'on détourneroit à jamais quiconque auroit le moindre defir de s'embarquer.

Je vous laiffe, pour vous donner

L iij

tout le loifir de contempler la rade
qu'on ne fe laffe point d'admirer. Vous
m'écrirez quelque jour votre fenti-
ment, ainfi que des côtes de Bretagne, qui ne font pas d'un facile abord,
& dont les Anglois ont dû fe dégoû-
ter, s'ils fçavent connoître les perils &
les difficultés.

LETTRE CXXXV.

VOTRE retour eft donc enfin déterminé, & vous revenez dans la terre
chérie, où j'ai paffé des jours fi délicieux. Je voudrois pouvoir me déro-
ber à ma pareffe, & courir vous y
tenir compagnie ; mais que d'irréfo-
lutions, avant que de me mettre en
chemin ! Je veux & ne veux point ;
le foir détruit les projets du matin,
& mon efprit rétracte ce que mon
cœur avoit accordé.

On ne ceffe de me demander où
vous êtes : & la préfidente qui trouve
du myftère à tout, affecte de répéter

que votre voyage n'eſt pas ſans deſſein. Sa nièce, qui depuis longtemps
perd ſes couleurs, ſon appetit, ſon
ſommeil, renonce à toutes les ſociétés, & ne penſe plus à s'occuper que
de ſa dernière fin. Il n'y a plus de caprices, plus de toilettes, plus de jeux.

L'aimable ſcience que celle de ſçavoir
ſe ſouſtraire aux bals, aux viſites, aux
ſpectacles, aux frivolités ! que de temps
gagné ! Qui vit autrement, vit à la hâte, & ne ſe ſent pas vivre.

LETTRE CXXXVI.

IL y a des gens qui, par leurs dépenſes
ſuperflues emploïent la première partie de leur vie à rendre l'autre miſé-
rable. La dame dont vous me parlez en eſt un triſte exemple. Elle a cru
ne vivre que trente ans, & le ſort la
trompée. Voilà des enfans bien avan-
cés. Il faudra qu'ils ſe faſſent moines,
ou qu'ils s'expatrient pour paſſer leurs
jours. Quelle ſituation !

Le Poitou que vous allez parcourir
L iv

ne vous offrira rien d'intéreſſant. La
capitale même paroît moins une ville
qu'un village ; mais l'on en eſt dédommagé par la bonne ſociété qui s'y trouve. Ce ne ſont pas les édifices qui rendent un ſéjour agréable , quoiqu'ils y
contribuent.

Je ſuis affligé de la maladie de votre
poſtillon. Vous auriez de la peine à
en trouver un de ſa ſageſſe & de ſon
habileté. Les ſoins que vous en prenez vous font plus d'honneur aux yeux
de ceux qui penſent , que tous les repas & toutes les fêtes que vous pour-
riez donner.

LETTRE CXXXVII.

Je ne ſçais s'il y a plus d'eſprit aujourd'hui qu'il n'y en avoit autrefois ,
mais on en donne à tout le monde.
Il ſuffit qu'une femme babille & décide ; qu'un homme cite quelques pié-
ces de théâtre & quelques auteurs ,
pour avoir une réputation. On vient
vous dire à l'oreille : C'eſt une perſon-

ne remplie d'efprit; &, pour peu qu'on écoute & qu'on examine, on ne trouve que du cailletage & de la préfomption. Ce fera bien-tôt un honneur, ou tout au moins une fin-gularité, de paffer pour n'avoir point d'efprit; car je ne rencontre plus perfonne dont on ne vante le gé-nie.

Nous devons cette prérogative à la multiplicité des journaux & des dic-tionnaires. On a fi vîte puifé dans ces fources de quoi converfer & de quoi briller, qu'on fe hâte de faire parade d'une fcience auffi neuve, & qui coû-te fi peu. On ne s'embarraffe plus fi ce qu'on débite eft fophiftique ou rai-fonnable, frivole ou folide. Il ne s'a-git que d'étaler des phrafes, & l'on a des admirateurs.

Paris excelle en ce genre. Comme il y a dans cette ville immenfe plus d'affaires & plus de plaifirs, on a moins le temps d'approfondir, & l'on y eft généralement plus fuperficiel. On ne s'y nourrit l'efprit que de brochures & d'hiftoriettes du jour. Les uns vont recueillir dans les cercles ce qu'il y a de plus sémillant, & s'en font un jargon qui leur devient naturel ; les autres n'ayant point assez de génie pour produire du sublime & du neuf, se distinguent par des paradoxes, & frondent tout ce qui est reçu comme vrai. Les hommes de mérite paroissent écouter, & n'écoutent rien. Des parleurs de cette espéce sont pour eux moins qu'un vent qui souffle, ou qu'une mouche qui bourdonne.

Vous me demanderez sans doute à quoi tout ce préambule aboutit ; & je vous répondrai que je quitte une société où deux hommes qui passent pour les plus beaux génies, & qui n'ont que de la suffisance & du verbiage, m'ont réellement mis en colère contre tout ce qui s'appelle esprit. J'ai été si souvent obligé de rétracter la bonne opinion que j'avois de l'esprit & de la capacité de certaines personnes, que je n'y serai plus pris. J'emploierai le doute méthodique à l'égard de ceux qu'on me vantera, comme Descartes veut qu'on l'emploie à l'égard des opinions & des vérités. Il est désagréable de se prévenir en

faveur des gens, pour enfuite fe de-
prévenir. Je préfume que celle-ci vous
trouvera à la Rochelle, ville qui n'eft
plus ce qu'elle étoit depuis la prife du
Canada. J'ai connu un officier qui ne
s'y plaifoit que lorfqu'il pleuvoit,
parce qu'alors on fe promène fous fes
portiques, fans craindre de fe mouiller.

LETTRE CXXXVIII.

Vous dites très-bien qu'il ne s'agit
que de voyager, pour fçavoir combien tout à renchéri. Les denrées,
depuis vingt ans, ont augmenté de
plus de moitié dans prefque toutes
les villes du Royaume. Cela n'ac-
commode pas ceux dont le revenu a
diminué. Pour vous qui, graces au
ciel, jouiffez de l'abondance, vous
faites très-bien de répandre les efpèces fans aucun regret. Le chance-
lier Bacon n'a jamais mieux parlé,
que lorfqu'il a dit que *l'argent eft un
bon ferviteur, mais un méchant maître.* Il n'y a pas en effet une plus gran-

de punition que d'en devenir l'esclave.

Votre compagnon de voyage vient
donc enfin de se reveiller. Il m'écrit
la plus jolie lettre du monde : & il
faut avouer qu'étant à si bonne école,
il seroit bien coupable s'il eût écrit
autrement. Le mérite des grands hommes, dit admirablement Sénèque, re-
jaillit sur ceux qui les approchent. On
ne peut guères les fréquenter qu'on
n'en soit éclairé.

Je ne sçavois pas que vous eussiez
été obligé de vous faire saigner à
Rennes, pour un mal de gorge qui
vous étouffoit. Vous avez voulu es-
camoter cette maladie à ma sensibi-
lité. Il est vrai qu'elle m'auroit cruellement inquiété.

Il paroît, par le train dont vous
allez, que vous êtes curieux de
revoir vos dieux pénates. Je m'u-
nis aux plaisirs que vous goûterez, en
vous retrouvant au milieu de votre
aimable solitude. Elle est faite pour
un philosophe tel que vous.

LETTRE CXXXIX.

J'AI fait la rencontre du plus grand original qu'on ait jamais vu. Il s'annonce pour un personnage à secret, & il prétend deviner le caractère des personnes à la seule inspection de leur écriture. Selon lui celle des avares est menue & serrée, celle des étourdis haute & basse comme des notes de musique, celle des pointilleux correcte jusqu'à l'excès, celle des fourbes entortillée, celle des gens qui ont le cœur sur les levres, courante & aisée, &c.

Je pense qu'il en est de cela comme de la chiromancie, quoique les lignes de la main paroissent significatives, quoiqu'on lise dans Job que Dieu met un signe dans la main de tous les hommes, afin qu'ils connoissent leurs œuvres, *qui in manu omnium hominum signat, ut noverint singuli opera sua*, il y auroit sans doute de la témérité & même de la folie, à vouloir établir des régles invariables à ce sujet ; mais l'amour du merveilleux, fait souvent imaginer tout ce qui n'est point : nous aimons à creuser dans l'avenir, parce qu'il nous est caché, de même que nous recherchons avec avidité les choses qui nous sont défendues.

L'abbé * * * * * , votre admirateur & votre ami, quitte tous ses bénéfices pour se réduire à un seul. Il dit que le bon usage qu'il en pourroit faire ne le justifieroit pas, qu'on s'autoriseroit de son exemple pour entasser abbayes, sur abbayes ; que Dieu ne demande point de compte des revenus qu'on n'a pas, & qu'enfin il veut mettre sa conscience en repos. Si cette démarche n'est pas à la mode, elle est au moins d'un honnête homme, & d'un vrai chrétien.

On vient de me faire présent des poésies de Santeuil. L'ouvrage est magnifiquement imprimé. Je suis surpris de ce que M. de Voltaire, en parlant de cet illustre auteur, n'a pas exalté ses hymnes & ses inscriptions comme elles méritent de l'être, cependant il fçait très-bien la langue latine , & il ne doit pas ignorer combien elle a de force & de majefté fous la plume de Santeuil.

LETTRE CXL.

L'histoire de la baillive chez qui vous avez dîné eft admirable. Une femme qui raconte elle même que les bourgeois de fa ville foupent à fix heures, mais que fon mari, *M. le baillif* , ne foupe jamais qu'a fix heures & demie, feroit rire le perfonnage le plus férieux. Je n'aime pas moins le récit de fa jambe caffée qui ne tenant qu'à quelques nerfs, étoit une jambe *indécife* dont on ignoroit la deftinée.

Quand les habitans des petites villes fe donnent des airs, prennent des tons & s'efforcent de bien parler, cela vaut la plus plaifante comédie. Le duc de Vendôme prenoit un plaifir fingulier, à entendre les propos, & à voir les manières de quelque vil-

lageoife, qui jouoit la femme de condition. Vous fçavez que le juge d'un
petit endroit dit *Sirete* à la Reine
Chriftine, lorfqu'il la haranguoit &
qu'il crut lui dire un mot excellent.

Je n'attends plus de vos nouvelles,
qu'après votre arrivée. J'ai calculé
votre marche de manière à ne pas me
tromper. Il eft temps de ranimer par
votre préfence, un pays qui languit
depuis que vous en êtes parti. Que
n'ai-je la verve du prince des poëtes,
je ferois parler vos arbres, vos fontaines, vos ftatues. Tout cela vous diroit les chofes les plus tendres, & les
plus agréables.

LETTRE CXLI.

Si l'on eft aife de fe retrouver chez
foi, vous devez fentir plus que perfonne un auffi doux plaifir. Vous ferez tombé fur vos livres comme un
homme affamé fur des mets & vous
aurez favouré la joie qu'on goûte à
revoir le plus charmant des cabinets.

Cependant n'y passezpas trop de temps & · songez que vos jardins & vos avenues demandent votre présence, & vos soins.

Je n'approuve point l'allée de maroniers que vous voulez faire planter. Ils sont majestueux tant qu'il vous plaira, mais l'ombre en est mal saine & j'en redoute la malpropreté : choisissez plutôt des tilleuls, c'est un arbre docile dont on fait tout ce qu'on veut & qui croît avec célérité.

Vous êtes un ami cruel. Vous pouviez nous assurer vous-même de l'état de votre santé & vous vous êtes contenté de nous cotoyer sans vous faire voir. Le chevalier avoit parié que vous viendriez jusqu'ici, & il perd son pari, pour moi qui croyois la chose assurée je ne voulus point gager.

Je ne vous dirai pas, comme Madame ***, que l'amitié se rouille quand on ne se voit point ; mais je soutiendrai que des entrevues la raniment, & qu'il en faut de temps en temps pour bien sentir le plaisir d'être ami.

Votre ancien aumônier s'engagea

hier dans une difpute , dont il fe ti-
ra tout au plus mal. S'il avoit au
moins de la prudence , il fçauroit que
fa théologie n'étant guères plus étendue que le petit catéchifme des enfans, il ne peut mieux faire que d'ê-
tre filentieux ; mais les ignorans ont
la rage de parler.

Je ne fçais ce que fait notre Américain. Je le crois plus qu'à demi rui-
né. C'étoit bien la peine d'apporter
tant de tréfors, pour les voir difpa-
roître , fans avoir obligé qui que ce
foit. Vous aurez inceffamment une compagnie qui vous amufera. Il y aura du
férieux , du badin , de l'ignorance , &
& du fçavoir.

LETTRE CXLII.

LES réflexions que vous faites dans
votre dernière , font dignes d'une ame
comme la vôtre. Je puis dire que je
les ai favourées. C'eft une vraie frian-
dife , que de lire tout ce que vous
écrivez.

La vie en effet, comme vous l'exprimez très-bien, n'eſt qu'une complication de craintes, d'eſpérances, d'infortunes, de projets, d'affaires, de maladies, d'embarras, à travers quoi l'on accroche par-ci par-là quelques plaiſirs d'un inſtant, & qui ſouvent encore traînent des douleurs ou des remords. Si les hommes voyoient en naiſſant, ce que le ſort leur réſerve, ils voudroient preſque tous paſſer du ſein de leur mère dans celui du tombeau.

Il n'y a ici bas qu'affliction d'eſprit, & les plus heureux ſont ceux qui ont le moins de malheurs, ou qui les ſentent moins. Qu'eſt-ce qui conſentiroit à ſe marier, s'il refléchiſſoit ſur la difficulté d'aſſortir deux ames, de manière à n'en faire qu'une, ſur les hazards que peuvent courir des enfans qu'on deſire. Se marier, dit un auteur, c'eſt mettre des maux en ſociété avec d'autres maux; ne point ſe marier, c'eſt ſe réduire à ſouffrir ſeul, ſans trouver avec qui partager ſes chagrins. Le chevalier, toujours plaiſant, dit qu'il n'a jamais voulu s'établir, parce qu'il

n'aime point à voir arriver chez lui
des gens qu'il ne connoît point , &
que des enfans qui viennent de naî-
tre , font des perfonnages fort équivoques , dont on ne peut garantir ,
ni l'efprit , ni la probité , ni les fentimens.

L'homme que vous m'avez adref-
fé eft ce qu'on appelle en Italien *un'*
frontifpicio di libri , un frontifpice de
livre. Il connoît les titres de tousles ouvrages qui exiftèrent , & qui exiftent ;
mais il ne faut pas aller plus loin.
Ses raifonnemens n'ont ni juftefle , ni
précifion , & il n'a qu'un fouvenir mé-
canique de tout ce qu'il a lu.

Madame ***** me charge de vous
faire mille complimens. Elle dit que ,
fi elle prenoit un fecond mari , elle en
choifiroit un qui n'aimât ni le fel , ni
le vinaigre , ni les couleurs rudes , parce qu'on fe peint dans la manière de
manger & de fe vêtir. Il y a tant de
chofes qui influent fur nous , que réellement nos goûts font les interprè-
tes de notre ame. Je me fouviens d'a-
voir lu dans un médecin que les hommes qui aimoient le laitage étoient

ordinairement doux , & c'eſt une remarque que j'ai faite.

Les mémoires du P. Niceron, Barnabite , vous amuſeront. Il les a rempli de petites anecdotes qu'on lit avec
plaiſir. Qu'il eſt gracieux de partager
ſon temps entre Minerve & Pomonne ,
& de quitter un livre , pour aller cueil-
lir un fruit !

LETTRE CXLIII.

Nos comtes Italiens repaſſent , &
viennent m'enlever pour me promener avec eux. Ils s'étonnent de ce qu'il
n'y a que quelques gentilshommes
François qui prennent le titre de *Comtes* , ou de *Marquis* ; tandis que tout
noble en Italie ſe pare de ce nom.
Il eſt vrai que , lorſque j'étois à Naples , je ne pus me défendre de répondre à cette dénomination que mes parens & mes amis me donnoient malgré
moi. Il fallut même me qualifier de
marcheſe dans un petit ouvrage que
je fis imprimer en Italien. Le cen-

feur l'exigea ; & les imprimeurs, depuis ce temps, foit en France, foit en Italie, n'ont ceffé d'ajouter ce titre à mon nom. Il ne m'a plus été poffible de l'empêcher.

Vous me connoiffez affez pour fçavoir que, quoiqu'il ne foit pas toujours néceffaire d'avoir des marquifats pour être appellé marquis, que, quoique plufieurs perfonnes de mon nom, aient toujours pris ce titre, & le prennent encore, je ne me glorifie que de l'honneur d'exifter. Je redis volontiers ce que M. de Préfontaine écrivoit autrefois au fameux Saumaife : *Ne me marquifez plus, je vous prie, car vous n'ignorez point qu'il n'y a pas jufqu'aux chiens, qu'on appelle marquis.*

Je fors d'une maifon où j'ai vu une joueufe qui m'a donné la comédie. Ses jettons, fes fiches s'en alloient, & il fembloit qu'on lui arrachoit la vie. Tantôt elle coupoit avec animofité, tantôt elle méloit les cartes avec fureur ; toujours prête à lâcher quelques paroles auffi piquantes que fes regards. Cette femme généreufe d'ailleurs, n'eft vilaine qu'au jeu. Son mati ne cesse de lui faire sentir un contraste si étonnant, mais il ne le corrigera pas. Le desir de gagner est le péché mignon de la plupart des femmes ; & malheureusement, quoiqu'habiles dans l'art de feindre, elles n'ont pas le talent de se déguiser au jeu.

Il est bien étrange qu'on ait fait un tourment de ce qui devoit être un plaisir, & une étude d'une simple récréation. On interrompt une lettre, on remet un voyage, on suspend toute affaire pour recevoir un ami, & le jeu captive tellement ceux qui s'y livrent, que quelque chose qui arrive, ils ne quittent qu'après la partie, comme s'il étoit absolument impossible de supprimer quelques tours, comme s'il n'y avoit dans le monde que la loi du jeu, qui ne pût changer.

Je conçois qu'il y a des personnes qui ne sont propres ni à converser, ni à écouter ; qu'un cercle seroit souvent trop bruyant, si l'on ne se bornoit qu'à discourir ; mais je n'en conçois pas moins qu'un jeu n'est tolérable, que lorsqu'il dure peu. Si l'homme connoissoit le prix du temps, il joueroit beaucoup moins. Nous nous lassons de notre existence, presqu'aussitôt que nous commençons à la sentir. Que dis-je, nous la vendons, & nous ne sommes plus à nous, tant que nous vivons.

L'homme est jetté sur cette terre avec de la raison, des sens, & des passions; mais à voir ses œuvres, on croiroit qu'il n'est que sensuel, & passionné. Sa vie n'est que méchanisme, & routine, comme s'il avoit peur de réfléchir. Il ne fait que passer d'une enfance à l'autre, lorsqu'il quitte la jeunesse, pour prendre l'âge viril. *Ne nous faisons pas peindre*, disoit souvent Newton, *car si l'on ne nous flatte point, le portrait ne sera pas beau.*

LETTRE CLXIV.

AH ! vous m'avez oublié, ou vous êtes un paresseux. Deux ordinaires sans recevoir de vos nouvelles, me

durent

durent autant que deux années. Arran-
gez-vous comme il vous plaira, mais
souvenez-vous que vous n'êtes plus
maître de ne me point écrire. C'est un
contrat passé entre les deux meilleurs
amis qui soient au monde, & dont la
minute est dans votre cœur, comme
dans le mien.

On me fait espèrer que mon rhe-
teur, mon philosophe, mon métaphy-
sicien, enfin, l'oracle viendra me voir
incessamment, & que de-là il pren-
dra son essor, jusques dans ce bien-
heureux cabinet où vous conversez si
utilement avec tous les génies des siècles passés. Ainsi soit.

Je ne puis rien vous dire de posi-
tif sur la maladie de celui dont je vous
ai souvent parlé. Toujours entre la vie
& la mort, il ne paroît exister que
pour dérouter la médecine & les médecins ; mais en gens qui ne veulent pas
se compromettre, ils disent qu'il n'est ni
sans espérance, ni sans danger. Il n'y a
point de plus charmante profession que
celle de médecin ; si les malades meurent, ils ne disent mot, & s'ils guéris-
sent, on en fait honneur à la Faculté.

J'ai vu M. de * * * * dont vous voulez avoir une idée, & je n'ai vu pendant tout un jour que j'ai paſſé chez lui, que des révérances, un ſourire & de belles dents ; mais il a le bonheur de mettre de l'aménité par-tout où il faudroit de l'eſprit, & cela dédommage. La ſociété ſeroit tyrannique, ſi elle obligeoit à ne voir que ceux qui ont du génie, & ſouvent on ſeroit forcé de reſter ſeul.

La marquiſe a repris ſes idées cabaliſtiques. Je la trouvai hier liſant la *Fatum mundi*, la Deſtinée du monde, Ouvrage compoſé par un père Yves capucin, qui commença par être avocat au parlement de Paris, & qui finit par embraſſer l'état religieux, & celui d'aſtrologue. Son livre fit un bruit étonnant, & devint d'autant plus rare, qu'il n'en reſta qu'un petit nombre d'exemplaires, échappés aux recherches du parlement de Bretagne, qui en ordonna la ſuppreſſion. Il en eſt de cette production, comme des Centuries de Noſtradamus, parce qu'elles ne diſent rien, on leur fait dire ce qu'on veut.

Vos expériences d'agriculture méritent des éloges. Elles supposent une
ame patriotique, & je ne vois rien de
plus grand que d'aimer la religion &
la patrie. Envoyez-moi un échantillon
de vos épreuves, je les ferai passer dans
un bureau où votre nom flaire déjà
comme eau de rose, & vous serez pré-
conisé comme l'ami des sciences, des
arts, & qui mieux est, du genre humain.

La comtesse n'est plus ce qu'elle
étoit autrefois. Elle voudroit qu'on
berçat sa vieillesse avec des chansons
& des historiettes; mais personne ne
se met sur les rangs. C'est une terrible chose que de faire les frais d'un
amusement. On devient un personn-
nage presqu'à ressorts, qui doit parler ou chanter au moindre signal. Les
agrémens de société ne font bons, que
lorsqu'ils naissent à propos.

M ij

LETTRE CXLV.

VOTRE dernière me rendroit mifantrope, fi j'avois quelque difpofition à le devenir. Pourquoi vous affligez-vous, avant le temps, d'un mal qui n'arrivera peut-être pas, ou que vous ne verrez point. Il faut dans ce monde pour être heureux donner tout à la providence, & rien à la peur.

Je ne fuis point étonné de l'attention de notre vieux bonhomme à fe procurer fes commodités. Il n'y a que l'ambition que ne je puis concilier avec la vieilleffe, & qui eft réellement inconciliable. Les vieux aiment les aifes, & les jeunes gens les plaifirs.

Dorane a tous les torts poffibles de s'être brouillé avec fon coufin. Il faut fçavoir fe modifier felon les lieux, les temps & les perfonnes, afin de fe faire des amis. *Je parle d'érudition avec celui qui eft fçavant,* dit Bourfaut, *de guerre avec les militaires, de rien avec les femmes, de chiens avec celui qui*

les aime, & par-là je gagne les efprits & les cœurs.

Votre Gafcon à vifage triangulai-
re, à menton fourchu, s'annonce pour
un homme qui fait voler les louis comme les hirondelles, c'eft fon expreffion. Il m'amufa hier pendant une cou-
ple d'heure, par des recits vraiment
pytorefques. Son langage, ainfi que
celui de tous les Gafcons, eft toujours l'hyperbole. Il a des piftolets
qu'il tire dans la Seine, & qui mettent
toute la rivière en feu.

Les maux d'eftomac dont vous vous
plaignez, viennent fûrement de ce que
vous travaillez trop-tôt après votre
dîner, & de ce que vous vous baiffez
trop, lorfque vous écrivez. La plupart des gens d'étude fe ruinent de
bonne-heure, parce qu'ils n'ont pas
foin d'élever leur table de manière à
ne fe pas courber. Donnez-y je vous
prie toute votre attention ; mais vous
ferez comme tous ceux qui font malades, ils fouffrent, ils fe plaignent,
& la nonchalance les empêche de recourir aux remèdes qu'on leur indi-
que, & qu'ils ont fouvent en main.

M iij

S'il y a des malades imaginaires, il faut convenir qu'il s'en trouve aussi de volontaires.

LETTRE CXLVI.

MADAME **** m'a mené à sa campagne dans un équipage qui n'avançoit point. Nous avons été six heures à faire quatre petites lieues. Je ne m'exposerai pas une autrefois à pareilles lenteurs, où je m'informerai bien auparavant, si les chevaux marchent à pieds. Le chevalier étoit de la partie, mais heureusement pour lui, & malheureusement pour moi, il avoit pris les devants. Il m'a fallu en conséquence essuyer très-longuement de l'ennui. Vous sçavez que la bonne dame n'a ni esprit, ni conversation; & que hors la sphère du jeu, elle n'est ni à elle-même, ni à personne.

L'excellente compagnie qui s'est rassemblée, & à laquelle je m'attendois, m'a plus que dédommagé. J'en avois besoin, je vous l'avoue. Quand

on donne carrière à des bâillemens,
encore paſſe, cela ſoulage ; mais lorſqu'on ne peut ni bâiller, ni lire, ni
dormir, & qu'on n'a qu'un entretien
tout en monoſyllables, la place n'eſt
réellement pas tenable.

Meſſieurs de *****, ces deux frères
ſi aimables, & dont vous connoiſſez
tout le mérite, & tout le prix, étoient
des nôtres. Ils ont laiſſé jouer les
joueurs, & m'ont entraîné dans un
bois délicieux tout entrecoupé d'allées & de ruiſſeaux, & dont la fraîcheur répondoit à la vue. Là j'ai profité du temps pour les interroger ; &
j'ai été ſi charmé de leur ſçavoir, &
de leur modeſtie, que je les reverrai
le plus qu'il me ſera poſſible. Il m'a
paru que l'aîné étoit la raiſon même, &
le cadet l'eſprit ; de ſorte que l'un tem-
péré par l'autre, forme un enſemble
d'agrément & d'utilité.

Le temps nous a trompé. Nous avons
oublié l'horloge & notre eſtomac, &
quoique trois heures fuſſent ſonnées,
& que nous fuſſions à jeun, nous ne
nous ſommes apperçus de notre appetit, que lorſqu'un laquais nous a par

hazard rencontré, & nous a dit qu'on dînoit depuis du temps. On nous avoit cherché de toutes parts, & je crois qu'on nous chercheroit encore, si nous n'avions été avertis. Vous ne devez pas douter de notre empreſſement à ratrapper les momens perdus. Les dents d'un Gaſcon auroient fait feu, mais les nôtres, ſans jetter aucune étincelle, s'acquitterent tout au mieux de leur fonction.

Je ne me reſſouviens pas d'avoir vu un dîner plus charmant. On ne chercha point à mettre d'eſprit, & il y en eut partout, & tout le monde parut en avoir; on but les ſantés comme au vieux temps, & la vôtre ne fut pas oubliée. Vous êtes maintenant plus obligé que jamais à la conſerver; autrement vous compromettriez l'honneur d'un nombre de perſonnes reſpectables, qui veulent abſolument que vous vous portiez bien.

A peine le caffé fut-il pris, que nous revoilà tous les trois dans le petit bois en queſtion. La converſation s'animoit, lorſque Mademoiſelle **** vint nous y joindre. Nous en fumes enchantés ; car elle a toute la fineſſe d'eſprit imaginable, & elle n'eſt étrangère à aucune matière qu'on puiſſe traiter. Elle nous mit ſur le chapitre des tremblemens de terre, & il ſe dit à ce ſujet les choſes les plus intéreſſantes que j'écoutai avec le plus grand plaiſir. Nous regagnâmes le château, lorſque la nuit nous chaſſa, & nous revinmes trouver toute la compagnie, qui nous fit grace du jeu, & qui diſcourut juſqu'au ſouper.

Le voiſinage d'un teinturier nous procura tout l'amuſement du lendemain. On l'engagea à mettre en bleu pendant la nuit l'habit blanc d'un jeune officier fort élegant. Ce furent les dames qui imaginèrent cette métamorphoſe, & qui la firent réuſſir. L'uniforme traveſti fut apporté ſur le midi, temps où notre petit maître avoit coutume de ſe lever. Jugez de ſon étonnement, lorſqu'il ſe vit en bleu. Il penſa qu'on lui avoit ſubſtitué un autre habit, & il deſcendit précipitamment dans la ſalle, où tout le monde lui ſoutint que c'étoit le ſien, & qu'il n'en avoit point apporté d'autre.

M v

Il courut à l'antichambre, & les laquais qu'on avoit prévenus, lui tinrent le même langage. Ce badinage dura jusqu'au soir, & quoiqu'il y eut plusieurs femmes, le secret fut très-bien gardé. Il ne se divulgua que par un grand éclat de rire ; mais ce qu'il y a de plus singulier, c'est que l'officier commençoit enfin à se persuader qu'il s'étoit lui-même trompé, & qu'en venant à la campagne, il avoit endossé l'habit de quelqu'autre au lieu du sien.

Il prit la plaisanterie parfaitement bien, & il ne pouvoit guères faire autrement ; les dames méritent qu'on ait des égards pour leurs fantaisies, & surtout lorsqu'il n'est question que d'amuser. Il n'y a que les petits esprits, ceux qui manquent d'éducation, ou ceux qui n'auroient eu qu'un habit, qui auroient boudé en pareille circonstance. Mais heureusement notre officier est spirituel, très-bien élevé, & a une magnifique garde-robe.

J'ai cru devoir vous entretenir de ces folies, pour vous distraire un peu de vos études & de vos douleurs. On

ne moralife pas toujours, dit le fage, & il y a un temps où l'on peut
rire. *Tempus ridendi.* Je plaindrois
ceux qui s'en formaliferoient, & ferois fûrement fâché de les avoir pour
amis.

LETTRE CXLVII.

Vous me confolez, en m'apprennant
que votre eftomac commence à reprendre fon élafticité. Je connois une
dame âgée de 95 ans, qui n'a réta-
bli le fien, qu'en prenant une cuil-
lerée de fucre après fes repas. Le fucre eft un fel balfamique dont on ne
connoît point affez la vertu.

On m'écrivit de Nantes qu'on eft
très-fâché de ne vous y avoir vû qu'un
inftant, & que vos féjours ne font que
de fimples apparitions. Ayez moins
de mérite, & l'on vous regrettera
moins ; mais, ma foi je vous en défie.
J'ai été curieux de revoir M. * * * *,
que je n'avois pas vû depuis quinze
ans, mais je n'ai plus trouvé cet hom-

me si aimable & si poli. Le séjour de
la campagne l'a rendu gentilhomme
campagnard. Il ne parle que de fiefs,
de redevances, d'eau-benite & d'encens. Tous ses voisins sont des rotu-
riers annoblis, tous ses fermiers des
coquins, le curé lui même un faux
dévot. Il est obligé d'avoir des procès avec tout ce monde-là ; & voilà
toute sa conversation. J'en ai été quitte pour entendre ces propos pendant
un demi jour, qui m'a duré plus de
vingt-quatre heures. Je le trouvai en
habit de pinchinat, en guètres, en sa-
bots, & plus glorieux malgré cet accoutrement, qu'un homme à cordon
bleu. Sa généalogie revint souvent sur
le tapis, & ses ancêtres, si on l'en
croit, étoient favoris de Charlemagne,
& peut-être de Clovis.

La noblesse se rouille furieusement à
la campagne, disoit autrefois madame
de Sevigné. On n'habite point impunément avec les blairaux & avec les
loups. Pour vous qui ne risquez rien
dans leur voisinage, & que le commerce du monde, & des lettres met
à l'abri de la rusticité, vous pouvez

lire hardiment ces réflexions.

Je vous renvoie les épîtres d'Hé-
loïfe & d'Abailard, mifes en vers.
On a beau s'exercer continuellement
fur ce fujet, on ne fera rien qui vaille
l'original. On fort du naturel en voulant trop donner à l'efprit, les paffions même les plus extrêmes, ont
un langage qui n'eft point celui de
l'imagination. C'eft ce qui fait que
la plupart des fentimens ajuftés au
théatre, ne font que des expreffions
outrées, & que la feule déclamation
foutient.

<hr>

LETTRE CXLVIII.

JE ne puis vous rendre raifon de ce
que vous voulez fçavoir. Il y a long-
temps que je mets le plus d'intervalle
qu'il eft poffible entre le monde &
moi, & je m'en trouve très-bien. Il
faut voir de loin les grandeurs & les
grands, c'eft-à-dire de manière à n'en
être pas incommodé. Tout homme
qui fe laiffe entraîner par le tourbil-

lon du siécle, est un homme digne de compassion, il se prépare plus de chagrins qu'il n'imagine & rien ne pourra jamais le dédommager de ne pas vivre avec soi.

Quelle existence entrecoupée, que celle des favoris & des courtisans ? ils ne sont, que pour ne point être ; car qu'est on lorsqu'on ne vit qu'au gré des autres, lorsqu'on fait dépendre jusqu'à son sommeil, jusqu'à sa manière de penser, de leurs caprices & de leurs volontés, *j'aime à être moi,* disoit un ancien philosophe, *& je ne le suis, que quand je jouis pleinement de ma liberté, mon ame est trop sublime, pour l'identifier avec des biens & des plaisirs qui ne sont que de la fumée & de la boue.*

Voilà ce qui s'appelle de la bonne philosophie. Mais peu de personnes la connoissent ; on confond la sagesse avec la misantropie, & l'on croit qu'un homme est malheureux, ou perdu, parce qu'il se concentre en lui-même & dans la société de quelques amis.

Dites moi quelque chose, je vous

prie, fur une matière fi noble & fi riche, & j'en ferai le fujet de mes mé-
ditations. Il y a de vos lettres que
je conferve comme une relique, &
que je relis, quand ma raifon commence à fommeiller.

LETTRE CXLIX.

Il n'y a pas moyen de tenir contre vos repréfentations. Oui j'irai
puifque vous le voulez, vous voir le
mois prochain, mais à condition que
je ne dérangerai rien dans l'ordre de
votre maifon. Vous veillez par com-
plaifance & les veilles ne vous valent
rien ; vous fufpendez vos affaires &
elles exigent de l'activité.

Je ferai l'impoffible pour mener
avec moi notre aimable moralifte.
Sa douceur fait les délices de la fociété, il n'a que des chofes obligean-
tes à dire, & il eft encore à fçavoir
ce que c'eft que la médifance & la
colère. La vertu gagneroit tout, s'il
y avoit beaucoup d'hommes de cette
trempe.

Vous me surprenez quand vous me dites que vos plantations n'ont pas profité. Est-ce la faute des arbres, est-ce celle du terrein ? C'est ce qu'on doit examiner.

LETTRE CL.

La famille **** ne sera plus éparpillée. Pères, mères, tantes, neveux, frères, sœurs, cousins, tous se réunissent pour vivre en commun, & selon le chevalier, tout cela retracera l'arche de Noé.

Le suffisant arrive de son pays. On ne le goûte pas plus ici que partout ailleurs. Il savoure trop ce qu'il dit, & il est trop content de lui-même, pour pouvoir plaire dans la société. Cependant il a beau avoir de la bouffissure jusqu'au de-là des yeux, la marquise qui le connoit parfaitement, & qui sçait juger du mérite & des personnes, prétend qu'il a tout son esprit en fanfreluches & en colifichets.

Il est vrai que je ne vois point de

femme qui lui reſſemble en parure & en ajuſtement. Tout, juſqu'à la pointe de ſes cheveux eſt artiſtement com-paſſé; il aſſigne des jours à ſes habits pour paroître en public, comme un commandant des ſoldats; & il paſſe plus de la moitié de ſa vie avec des baigneurs, des marchands de modes & des tailleurs.

La nature s'eſt trompée chez ces ſor-tes d'êtres, dont le nombre eſt plus multiplié qu'on ne s'imagine : *Ils ont une ame feminine*, diſoit Fontenelle, *ſous un extérieur maſculin.*

L'homme raiſonnable a des habits ſimples comme ſes mœurs, & s'il eſt obligé de ſe parer, ſoit par état, ſoit par circonſtance ; il gémit de cette ſervitude, & ne conſidère pas moins celui qui eſt mal vêtu que celui qui eſt magnifiquement habillé. Il ſçait que des vêtemens ne ſont qu'une ſimple écorce, que le corps lui-même n'eſt qu'une pouſſière amoncelée, & qu'il n'y a que l'ame qu'on doit eſtimer.

Je ſouffre, je vous l'avoue, toutes les fois que j'apperçois les hommages qu'on rend à un bel habit. Il ſemble que quelques raiſeaux d'or ou d'argent changent un individu, & qu'un homme n'eſt plus ce qu'il étoit quand il s'annonce avec les livrées du luxe ; comme on ſe lève par reſpect ! comme on lui parle avec civilité ! comme on s'empreſſe de rechercher ſa ſociété ! Alors les viſages s'épanouiſſent, & il n'eſt plus queſtion que de ſes graces, de ſon mérite & de ſon eſprit.

Quelques aulnes de galon de plus ou de moins, diſoit le préſident de Harlay, *décident d'un homme, le font valoir, où le mettent en diſcredit.*

—————————

LETTRE CLI.

LE chevalier paſſa toute la journée d'hier avec moi : il me raconta ſon hiſtoire avec le feu duc de * * *, & j'en ris encore. Elle eſt trop plaiſante pour ne pas vous en faire part. Ce ſeigneur, haut comme le ciel, ayant affecté de ne pas reconnoître le chevalier, celui-ci lui dit : » Il me paroît, monfieur, que les petites idées vous échappent, & qu'il faut vous préfenter les objets en grand. Sçauriez-vous qu'il y a quatre parties du monde, que dans une de ces parties, nommée l'Europe, fe trouve la ville de Paris, que là eft la rue Tictonne, que dans cette rue exifte une maifon à porte cochere où ma mère demeuroit, & une autre maifon à très-petite entrée, là où vous étiez logé, qu'alors n'étant ni riche, ni feigneur, vous veniez avec empreffement rechercher ma compagnie, comme une fociété qui vous étoit honorable, & lucrative «.

Alors le duc fe réveillant, comme d'un profond affoupiffement, s'écria, Eh quoi ! c'eft vous mon cher monfieur ; eh ! maintenant je vous reconnois très-parfaitement : & moi je ne vous reconnois plus, répliqua le chevalier, en tournant le dos, & en difparoiffant.

Avouez qu'il ne faudroit que quelques leçons de cette efpéce pour apprendre à vivre à certains grands, & pour les corriger. Comme ils ne font pas accoutumés qu'on les raille, & qu'on les contredife, on démonte leur orgueil fitôt qu'on les fixe , & qu'on leur répond.

Je verrai demain ma bouffole philofophique. L'oracle arrive , & il m'a fait dire qu'il paſſeroit chez moi. Cela me tiendra en arrêt tant que le jour durera; mais des hommes de cette trempe méritent bien qu'on les attende.

L'avocat ne marche preſque plus, tant il eſt lourd, & maſſif. Ses jambes auroient befoin de relais de dix pas en dix pas. Il dit qu'il ne veut point mourir qu'il ne vous ait vu encore une fois. Si la mort fe prête à cet accommodement , il ne fait pas un mauvais marché car furement pour le laiſſer vivre, **vous** éviterez de le rencontrer.

LETTRE CLII.

L'ORACLE eſt plus éloquent que jamais. Il regagne du côté de l'eſprit, ce qu'il perd du côté du corps. Je crois que c'eſt l'ame de Mallebranche qui a voulu revenir parmi les vivans, mais qui garde *l'incognito*. Quoiqu'il enfoit, la mienne eſt tellement enchantée, que je ne puis vous l'exprimer. Il m'a entretenu de la religion, de l'univers, des hommes, des paſſions; mais avec une telle netteté dans les idées & dans les expreſſions, que tout ce qu'il expoſe eſt tranſparent.

Il m'a aſſuré que toutes les choſes avoient un point de décadence & de perfection; que lorſqu'elles en étoient là, elles rétrogradoient; que la religion en conſéquence ſe releveroit inſenſiblement de l'affoibliſſement où elle eſt, & d'autant mieux qu'elle avoit des promeſſes qui garentiſſoient ſa durée. Il va même juſqu'à dire que la religion reprendra ſon ancien éclat, par la raiſon même qu'elle devient indifférente à l'égard du plus grand nombre; que déjà l'Angleterre jette à croix & pile le proteſtantiſme & le catholiciſme, & que là où il n'y a plus de fanatiſme pour être proteſtant, on n'eſt pas éloigné de devenir romain.

Il donne enſuite de fortes raiſons pour prouver que dans le délâbrement des religions, la nôtre, comme véritable, & comme ancienne, ſera la ſeule

qui fe foutiendra. C'eft un homme qui
creufe, & qui n'avance que le flam-
beau de l'expérience à la main. Il a
tellement analyfé le cœur des hommes, qu'il tire facilement leur horof-
cope. Il m'affure que vous le verrez
inceffamment, & moi je ne puis plus
m'en flatter. Il m'a dit un adieu qui fera long-temps gravé dans mon ame, &
que je crains bien qu'il ne foit le dernier.

On vit, on a vécu; il n'y a point
d'intervalle entre ces deux temps, ou
s'il y en a un, qu'on me dife ce qu'il eft.

LETTRE CLIII.

L'ESPRIT du perfonnage que vous
avez vu ne fe réveille que lorfqu'il s'a-
git de gagner. Hors de là, fa femme,
fes enfans, toute fa maifon, n'ont rien
d'animé. Ils font l'honnêteté même,
dit le chevalier; mais ils dînent, ils
converfent, ils jouent auffi gravement
qu'on étudie. L'ennui n'eft pas loin
d'eux comme vous penfez; mais où
aller pour s'en garantir? Je ne vois

que des gens qui trainent leur exiſtence, & qui ne ſçavent que devenir. Leurs plaiſirs ne ſont qu'un changement de ſcène pour leur faire oublier leur être, & leur gaieté. Toilettes, jeux, ſpectacles, voyages, viſites, feſtins, autant de paſſe-tems qu'on avoit imaginé pour s'amuſer, & qui n'offrent que de la monotonie & du cérémonial.

Vive un bon artiſan, qui bien avec ſa femme, ſes enfans, ſes voiſins, ſe réjouit ſans apprêt, chante ſans contrainte, parle ſans diſſimulation, n'étend pas ſes ſoins au-delà du jour, & boit en paix le fruit de ſon travail. Tout eſt pêle-méle ſur ſa table & dans ſa maiſon; mais il n'y a dans ſon ame, ni déſordre, ni confuſion. Il ne connoît ni le rafinement de l'orgueil, ni les prétentions du ſçavoir, ni les projets de la cupidité; ſa chambre eſt tout à la fois ſa galerie, ſa ſale, ſon ſalon.

Horace n'a pas dit ſans réflexion, que les laboureurs ſeroient les hommes les plus heureux, s'ils connoiſſoient leur bonheur. Vous êtes, plus que perſonne, à portée d'en juger, vous qui voyez tous les jours dans la campagne germer la paix & la gaieté, avec les plantes & les moissons.

***

LETTRE CLIV.

Vous avez fait une action qui vous immortalise, en vous mettant seul à la place de tous vos paysans qui devoient payer un impôt ? Que je me représenterai souvent ce rôle où vous effacez tous les noms, pour n'y écrire que le vôtre, & pour prendre sur vous la taxe des paroisses dont vous étes seigneur. Les ames de boue ne goûteront pas ce procèdé, mais elles n'oseront sûrement s'en vanter, & en public elles vous applaudiront. La vertu dit, Ciceron, plaît même dans un ennemi.

Votre voisine périra, si elle n'a qu'une demie confiance dans son médecin. Il vaut encore mieux être son propre conseil, que de ne faire qu'en partie ce qui est ordonné.

Quand vous verrez M. *****, représentez-lui combien un homme se dégrade,

dégrade, quand il a recours à l'as-
tuce, & à la supercherie. Les menées
sourdes supposent toujours un caractère fourbe & méchant.

LETTRE CLV.

Bon Dieu! qu'on est à plaindre,
quand on se laisse mener par la fortune & par l'ambition. Il en coûte
la vie au pauvre *Flamini* pour avoir
voulu trop s'enrichir. Qu'on travaille
à se procurer le nécessaire, on le doit;
mais qu'on tente tous les hazards pour
se donner un malheureux superflu,
c'est le comble de la folie.

J'ai remarqué que la plupart de
tous ces hommes à projets, étoient
arrêtés au milieu de leur course. Flamini n'avoit que trente cinq ans, &
le voilà enseveli dans les eaux avec
ses richesses, & son ambition. Il con-
venoit que j'avois raison toutes les
fois que je lui reprochois sa cupidité,
& que vingt mille livres de rente dont
il jouissoit étoient un revenu capable

de le fixer; mais à peine l'avois-je quitté, que ses desirs se ranimoient, & que son ame se livroit toute entière à son premier penchant.

Quand nos années seroient des siécles, nous ne serions pas plus empressés à nous élever, & à nous agrandir. Toujours des souhaits immodérés, toujours des peines excessives, pour se procurer une fortune dont on ne jouit point, ou dont on ne jouit qu'un instant. Qu'on est riche quand on n'est pas ambitieux. Eh? que m'importe d'avoir en propriété ces magnifiques jardins dont je repais ma vue; ils sont plus à moi qu'à celui qui les posséde, si j'y viens plus souvent. Les riches ont des terres & des palais, beaucoup moins pour eux, que pour les autres. Les biens & les plaisirs n'étant qu'illusion, il n'y a qu'à s'imaginer que tout ce qu'on voit est à soi, pour jouir pleinement de tout ce qui s'offre à la vue.

Le seigneur qui fait le tour de son parc, n'a ni un autre soleil, ni d'autres yeux, que l'étranger qui s'y promene; les arbres, la verdure, la fraîcheur

font la même chofe pour le proprié-
taire & pour lui, d'ailleurs quand on
penfe qu'il n'y a fouvent qu'une fibre
entre nous & la mort, a-t-on le courage de defirer.

LETTRE CLVI.

JE m'abftiens de voir autant que je
puis, tous les perfonnages glorieux
& guindés ; je n'aime ni les politeffes
impérieufes, ni les airs de vanité.
Quand on n'eft ni ambitieux, ni pa-
rafite, ni complaifant, on trouve fon
manoir plus agréable que tous les palais ; fa foupe plus excellente, que
toutes les bifques & tous les coulis.
Ainfi, ne me demandez plus, fi je vifite le millionaire en queftion. Tout
mon plaifir confifte à voir paffer la
foule qui s'y rend à l'heure de midi
& à ne jamais y aller.

Le petit bonhomme, toujours avide
d'honneurs & de repas, ne manque
pas d'y courir le plus fouvent qu'il
peut & de tenir partout des propos
qui annoncent combien il eft jaloux

de ce bonheur. Quand on auroit oublié la baffeffe de fon extraction, fa fou-
pleffe en feroit reffouvenir. Ce n'eft
pas être adroit pour un homme qui veut
cacher fon jeu, qui met un *de* ma-
jeftueux au devant de fon nom, &
qui a les équipages les plus brillans.

Je vous crois maintenant occupé
à recevoir le héros de la philofophie
& de l'humanité. Ainfi je me retire
pour ne pas troubler un tête à tête
fi intéreffant, le fidèle la Jeuneffe
eft parti pour faire votre commiffion;
& il la fera je vous affure avec toute
la difcrétion & toute l'exactitude d'un
bon Breton,

LETTRE CLVII.

Vous m'avez efcamoté une lettre
cet ordinaire, mais vous aurez foin
de m'en écrire deux la femaine prochaine, ou de remplir quatre pages
très-exactement.

Je fuis fâché de ce que vous avez
trouvé, comme moi, notre fçavant

défait & vieilli. J'aurois voulu me tromper, sa sobriété me rassure & me fait espérer que nous en jouirons encore quelque temps. *Qui amant sibi somnia fingunt.*

Ce qui me plaît davantage dans cet homme si extraordinaire, c'est que malgré sa sublimité, il trouve de l'esprit aux gens les plus bornés, il prétend qu'il n'y a personne qui n'ait un côté lumineux & que souvent on ne l'apperçoit point, parce qu'on ne se donne pas la patience de le chercher.

Il est vrai que pour peu qu'on veuille écouter les hommes, même les plus grossiers, on remarque dans leur langage une force d'expressions, & une tournure de génie qui étonnent, ce qu'on a peine à concevoir. Descartes prenoit un plaisir singulier à entendre discourir les gens de la campagne & les artisans, & il avoue dans une de ses lettres, que cette curiosité lui a souvent été profitable; qu'on ne connoît bien le monde, que lorsqu'on a vu les petits & les grands & que ces deux extrémités ont plus de rapports qu'on ne s'imagine ; les passions sont de tous les âges & de toutes les conditions, il n'y a que des nuances qui les différencient.

Votre dissertation sur les lampes perpétuelles est plus lumineuse que les lampes mêmes. J'en ai pesé toutes les phrases, de manière à la comprendre parfaitement. Le prince *San Severo*, Napolitain, & fort connu parmi les sçavans, à écrit sur le même sujet ; mais son ouvrage n'a ni la profondeur du vôtre, ni sa solidité. J'ai beaucoup fréquenté ce seigneur dont les découvertes sont dignes de la curiosité des voyageurs; & je ne doute point que s'il voyoit votre manuscrit il ne le lut avec une vraie satisfaction ; car il n'a point la morgue de la plupart des écrivains qui ne sont contens que de ce qu'il font : décidez vous, si vous voulez que je l'enrichisse de ce morceau.

L'histoire du gentilhomme qu'on accusoit d'être Pyrronien, & qui s'en défendit en répondant qu'il étoit Poëtevin, est toute à fait réjouissante. C'est une des meilleures naïvetés que

je connoisse, & qui a dû vous amuser d'autant mieux, que cette petite
scène s'est passée sous vos yeux.

LETTRE CLVIII.

Nous partîmes hier au nombre de
trois pour aller dîner dans une maison de campagne, où nous étions
invités. Une barque, malgré les efforts
d'un vent impétueux, nous condui-
sit jusqu'au rendez-vous ; mais quelle
fut notre surprise, lorsque nous ne
vîmes qu'un laquais & un jardinier.
On nous avoit oublié & toute la compagnie se trouvoit à plus trois lieues de
de là. L'appetit nous conseilla, c'est
un très-bon guide lorsqu'on a faim.
Nous cherchames dans l'office & dans
la basse-cour de quoi nous sustenter,
& nous fimes du laquais un cuisinier.
Il réussit, le dîner fut excellent, &
cette partie qui sembloit devoir être
fort lugubre, devint la plus amusan-
te & la plus gaie.

Le chevalier qui étoit des nôtres

& qui comme vous ſçavez, n'aime ni les révérances, ni les façons, ne ceſſoit de dire qu'il eſt gracieux de n'avoir ni maître, ni maîtreſſe à complimenter; qu'il ſeroit à ſouhaiter que bien des gens ne ſe trouvaſſent point chez-eux, lorſqu'ils donnent à dîner; ne reconnoiſſez-vous pas l'homme à ces traits. Il nous débita mille propos de cette eſpèce, il voudroit qu'on amenat la mode de n'inviter perſonne ſans lui envoyer la liſte des convives, par-là, dit-il, on ſçauroit à quoi s'en tenir, & l'on ne s'expoſeroit pas, comme cela n'arrive que trop ſouvent, à rencontrer des ennuyeux, ou des fats.

Je plains le jeune homme donc vous me parlez. Il n'y a que l'effronterie qui puiſſe ſe moquer d'une perſonne préſente, & que la lâcheté qui déchire un abſent.

Mouton n'eſt nullement ſenſible à ce que vous lui dites d'obligeant. S'il y a des philoſophes parmi les animaux, il eſt ſurement dans cette claſſe. Je n'ai jamais connu un chien plus indifférent; il ſe con-

tente d'être beau, & pense que cela
doit lui suffire.

LETTRE CLIX.

Vous avez donc reçu un seigneur,
qui a toutes les petitesses de la grandeur ; qui fait grace quand il parle,
qui ne salue qu'a regret, qui n'écoute
que la moitié de ce qu'on lui dit, qui
demande plusieurs fois la même chose,
qui ne répond que par distraction,
qui croit honorer tous ceux qu'il en-
visage.

Les gens de cette espèce devroient
passer en Asie. L'Europe ne s'accom-
mode pas des hauteurs de l'orgueil.
On y aime trop la vie libre pour
estimer des contempteurs du genre
humain.

C'est une bonne leçon que la vue
d'un grand, pour apprendre à éva-
luer la grandeur. On n'est pas long-
temps à s'appercevoir qu'elle n'est
qu'un esclavage caché sous des dé-
hors séduisans. Eh comment se faire,
disoit un philosophe, à ne pouvoir

marcher, écrire, converser, que tout le monde n'en soit informé? *monseigneur joue, monseigneur dort, monseigneur se promene, monseigneur est ici, monseigneur est là;* c'est-à-dire, que *monseigneur* est emmailloté, de manière à ne pouvoir se remuer, & que ses honneurs ne lui laissent pas la liberté d'agir comme il veut.

Je m'imagine être une bête que tout le monde fuit, disoit Marc Aurele, *lorsque je vois qu'on s'écarte de ma personne, & qu'on se range en haie pour me laisser passer. Il me semble que les hommes ne me reconnoissent plus pour leur frère, & cela me fait une véritable peine.* Il parloit ainsi, parce qu'il étoit empereur, & la plupart des riches ne parlent pas de même, parce qu'ils sont des plébeïens parvenus. L'homme se rehausse à proportion de ce qu'il étoit abaissé, si-tôt que le vent de la fortune vient à souffler; & il y a moins de personnes capables de soutenir l'éleva-tion, que de supporter l'adversité.

Un homme dégrade l'humanité, s'il n'est plus grand que les grandeurs qui ſl'environnent ; mais les honneurs ſont pour l'ordinaire un coup de ſoleil qui frappe la tête , & qui ôte la raiſon.

<hr>

LETTRE CLX.

J'ENTASSE lettres ſur lettres comme vous voyez, pour ne laiſſer réfroidir, ni notre correſpondance, ni notre amitié. Je vous écrivis hier , je vous écris aujourd'hui, & peut-être vous écrirai-je demain. Il ne ſera pas dit, qu'il n'y aura que les amans qui auront des caprices ; il faut auſſi qu'il s'en trouve parmi les amis.

Il vient d'arriver une plaiſante avanture à M. de * * *, votre compatriote & votre camarade de collége. En paſſant par Lyon il avoit acheté une étoffe ſuperbe pour ſe faire un habillement complet ; revenu dans ce pays il envoie chercher ſon tailleur , qui, après avoir pris toutes les meſures poſſibles, déclare qu'il n'y a point aſſez d'étoffe, qu'abſolument il ne peut

entreprendre l'ouvrage. Juſtement
courroucé, il prend le parti de s'a-
dreſſer à quelqu'autre tailleur. On en
appelle un ſur le champ, qui s'oriente,
qui examine, & qui aſſure qu'en deux
jours l'habit ſera fait, & parfait; il
revient effectivement au temps mar-
qué, & le monſieur en eſſayant l'habit qui ſe trouve ample & bien con-
ditionné, apperçoit un petit bonhomme avec une veſte d'une étoffe toute
pareille. Surpris, il demande comment
il ſe peut faire que le premier ouvrier
qu'il a vu n'ait pas trouvé de quoi
lui couper un habit tandis qu'il paroit qu'il y avoit de la matiere beaucoup au delà; le tailleur répond ſans
s'étonner, monſieur, c'eſt qu'il aura
ſûrement un fils plus grand que le mien.

Je ne ſçais ou le ſoleil ſe tient
caché depuis quelques jours. On ne
l'apperçoit ni de près, ni de loin.
J'y perds beaucoup en mon particulier car un de mes plus grands plaiſirs, eſt de voir les brillantes couleurs que la réfraction de ſes rayons
forme au ſein des nues. Il n'y a ni
cortege, ni théâtre, ni palais qui vail-

lent ce coup d'œil. Combien n'en parleroit-on pas, avec quelle ardeur n'y coureroit-on pas, avec quelle avidité ne l'examineroit-on pas, si c'étoit un spectacle sorti de la main des hommes, & fait pour la pompe de quelque fête, ou pour l'entrée de quelque monarque ?

Que nous sommes petits dans nos idées, dans nos desirs, dans notre manière de considérer les objets ! Ceux qui n'ont qu'un clinquant futile, nous enchantent & nous séduisent ; ceux qui sont solidement magnifiques & qui portent l'empreinte de la divinité ne nous étonnent, ni ne nous touchent. Notre goût pour les frivolités, feroit réellement croire que nous ne sommes pas nés pour un univers aussi beau que celui dont nous jouissons. Qu'est ce qui en contemple les merveilles, & les beautés. Il semble qu'il n'appartient qu'aux astronomes de considérer le firmament, c'est-à-dire, ce que nous ne nous lasserions point d'admirer, si nous faisions le moindre usage de notre raison.

On se met en colère, je vous l'avoue, contre le genre humain, quand on voit son indifférence pour des choses raviffantes telles que le fpectacle du ciel, de la terre & des mers, quand on l'apperçoit collé pendant la moitié de fa vie, fur quelques miférables cartes, plutôt qu'appliqué à examiner la beauté des plantes & des aftres, plutôt qu'occupé de la majefté de nos ames & de leur fublimité.

LETTRE CLXI.

Il faut avouer qu'il y a des perfonnes de grande précaution, je viens de faire vifite à un gafcon qui part pour fon pays, & je l'ai trouvé occupé à cacheter les lettres de remerciement qu'il doit nous envoyer lorfqu'il fera rendu chez lui. Je l'ai prié de nous les remettre en main-propre, d'autant mieux que par ce moyen il nous en épargnera le port.

Vous allez retomber malade, puifque vous ne penfez plus à égayer votre efprit. Il n'eft point indifférent d'être férieux ou gay. Mallebranche en étoit fi perfuadé, que fouvent pour fe diftraire de fes idées trop fublimes & trop abftraites, il s'arrêtoit fur le pont-neuf pour entendre des joueurs de violon, & des chanfonniers. Je tiens ce fait d'une perfonne digne de foi & qui avoit été particuliere- ment liée avec cet illuftre philofophe. Nos préjugés condamneroient peut- être cette manière de fe réjouir ; mais la vraie philofophie furnage fur les pré- jugés & fur les paffions, comme l'huile fur les liqueurs.

LETTRE CLXII.

Enfin celui que nous appellions *Neftor le cadet* a terminé fa carrière au bout de quatrevingt-treize ans. C'eft fans doute un grand nombre de jours ; mais il n'y a point de longue vie à l'égard de l'éternité.

Le prélat qui vient de mourir au- roit été un homme accompli, s'il n'eut point été si jaloux du titre de *monseigneur*. Il avoit oublié que les évêques ne s'appelloient autrefois que *pères en Dieu*. C'est ce que le célèbre père de la Tour, général de l'Oratoire, fit entendre à deux prélats qui lui témoignoient leur surprise, de ce que les oratoriens, qui ne contractent aucun engagement, se nommoient *pères* au lieu de *messieurs*. Il leur répondit avec une finesse d'esprit qui lui étoit propre. *Eh ! messeigneurs, ce sont vos haillons que nous avons pris par respect, quand vous les avez quittés.*

Je suis au désespoir de ne pouvoir réaliser le projet que j'avois formé d'aller jusqu'à vous. Cette vie n'est qu'une succession de contre temps. On n'y fait presque jamais ce qu'on desire, & ceux qui sont les plus libres, ont des entraves & des chaînes. Pétrarque, poëte fameux, craignoit tellement l'assujettissement, qu'il ne vouloit pas même s'engager pour un dîner. *J'irai, si j'ai le temps*, répondoit-il à ceux qui venoient l'inviter. On le connoissoit sur ce ton-là, & on ne s'en formalisoit pas.

Il eſt vrai que je pleins un homme qui s'abandonne à la diſcrétion du public, pour aller ſouper ou dîner. Qu'on paie cher l'intérêt de ſemblables parties.

On n'eſt plus à ſoi, & quel eſclavage plus cruel ! il n'y point de treſor, point de poſſeſſions qu'on puiſſe comparer au bonheur de jouir de ſon ame, & de ſavourer les réflexions que ſa fécondité nous fournit, toujours engendrant ſans jamais s'épuiſer : elle nous reproduit & elle nous multiplie de manière à nous rendre habitans de tous les pays & contemporains de tous les hommes célèbres qui ont exiſté.

LETTRE CLXIII.

Minuit ſonne, & je quitte tout actuellement mylord ****, avec qui j'ai ſoupé. Il vient de parcourir l'Europe qu'il a vûe de ſang-froid ſelon le caractère de ſa nation. Il eſt cependant fort ſémelliant, & pourroit paſſer pour François, ſi ſa phyſionomie n'annonçoit un étranger.

Il prétend qu'à quelques nuances près, les mœurs de tous les Européens ſe reſſemblent, & qu'il n'y a point de ville, pour peu qu'elle ſoit conſidérable, où l'on ne trouve les muſes, les graces, les parques & les furies. Je crois bien en effet qu'on rencontre en tout pays des femmes qui par leur eſprit, leur beauté, leur décrépitude, leur méchanceté, méritent ces qualifications.

Il compare les François, aux écureuils, les Italiens aux renards, les Allemands aux chameaux, les Anglois aux léopards, les Eſpagnols aux éléphans. Il dit que lorſqu'il vint à Paris pour la première fois, il crut que la moitié des habitans étoit miope. Il ne voyoit aux ſpectacles, aux promenades publiques que des hommes en lorgnettes ; & il fut tout étonné, lorſqu'il apprit qu'on jouoit l'aveugle par fatuité.

Je vous en dirois beaucoup plus, s'il n'étoit point ſi tard. Le beſoin de dormir m'avertit qu'il doit y avoir des heures indues pour les lettres, comme pour les visites. Je n'ai pas encore acquis le talent de vivre à la manière de nos hommes à la mode, & de nos femmes du bel air, qui pensent que le lever de l'aurore est le moment de se coucher.

LETTRE CLXIV.

L'ESPRIT s'épuise à peindre de beaux sentimens, & le cœur n'a ni vertu, ni magnanimité. Je lis actuellement un ouvrage qui feroit croire que la grandeur d'ame est le caractère distinctif du siècle présent. Rien de plus épuré que tout ce qu'il expose, rien de plus admirable que tout ce qu'il conseille; & cependant, en s'interrogeant soi-même, on conviendra, si l'on est de bonne foi, que ces portraits sont d'idée, & que les hommes d'aujourd'hui n'ont point cette noblesse de sentiment qu'on trouve dans les écrits.

Les uns réduisent tous les sentimens

à l'amour & ne conçoivent & n'éprouvent que celui là, les autres font taire la nature qui les conjure d'être généreux & bienfaifans & ne connoiffent que l'orgueil & la cupidité. On a banni jufqu'aux larmes de l'amitié, comme une foibleffe qui deshonore, & c'eft maintenant la mode d'affifter d'un œil fec, & prefque d'un air riant, aux funérailles de fon meilleur ami.

Je ne fçais d'où nous vient cette méthode, mais mon cœur ne l'a point encore adoptée. Je dirai volontiers avec madame de Sevigné, qu'il eft beau de pleurer, quand on regrette les exemples d'un ami vertueux. S'il ne faut jamais verfer des larmes, la nature à tort d'en avoir mis une fource dans chacun de nous. Mais elle a voulu que notre affliction fut exprimée par des pleurs, comme notre joie par des ris. C'eft renverfer fes loix, que de vouloir les changer. L'homme qui fçait quelquefois pleurer n'eft pas méchant, & celui qui ne pleure jamais eft dur, ou prêt à le devenir. Si l'on aime l'infenfibilité, il faut s'attacher à une ſtatue.

Le Navarrois part pour aller vivre dans un trou où ſes emplois le conduiſent en attendant mieux. Je ſuis vraiment touché de cette ſéparation, quoiqu'il ait toutes les reſſources poſſibles pour pouvoir demeurer ſeul. Sa flute, ſa plume, ſon pinceau feront ſa compagnie. Cela vaut bien celle de la plupart des hommes, ſoit dit ſans vouloir les flatter.

LETTRE CLXV.

LA conduite de l'homme auquel vous vous intéreſſez ſe ſoutient toujours de manière à mériter vos bontés ; & ce ſont de faux rapports qu'on vous a fait à ſon ſujet. Vous ſçavez combien les ames noires aiment à deſſervir & combien il y en a dans tous les coins de l'univers.

Je conſeille fortement au mouſquetaire de ſe défaire de ſa triſte maiſon. Elle n'eſt ſupportable qu'aux bougies, étant offusquée par des côteaux qui la dominent de toutes parts, & qui lui dérobent en partie la lumiere & l'air. On n'y apperçoit jamais le soleil, que trois heures après son lever, c'est-à-dire lorsque tout le monde en a joui.

Vous avez vu dans la personne de M. * * * * * une figure digne d'être placée parmi les œuvres de Calot. Ses jambes, sa tête, ses bras, tout cela n'étoit point fait pour se trouver ensemble, & néanmoins de tout ce grotesque, il résulte le plus brave homme du monde : quand l'ame est belle, quelque corps qu'on ait, on en est amplement dédommagé.

Il en coûtera la vie au pauvre * * * * pour être trop timide & trop bon. Il sent que son chirurgien le tue & il n'ose le renvoyer, pour en prendre un qui fait les cures les plus surprenantes. C'est sans doute pousser la complaisance un peu loin. Tout docteur qui prétend que ses malades ne peuvent chercher d'autres secours que les siens, ne mérite, ni estime, ni confiance.

L'abbé eft mort pour tout le monde, & très-vivant pour lui feul. Il s'enferme pour faire bonne chere, comme les autres pour étudier. Il me demande fouvent de vos nouvelles ; mais il ne voudroit pas p yer un port de lettre pour en avoir.

LETTRE CLXVI.

LA belle compagnie que celle dont vous me faites la defcription. Un homme qui ne ceffe de parler de littérature & de philofophie, fans avoir jamais ni lu, ni réflechi. Un fatyrique qui déchire tous les ouvrages, & toutes les perfonnes qui ne font pas de fon goût ; une précieufe ridicule qui croit fe jouer de tout le monde en jouant le bel efprit ; une harpie dont le regards, & les propos ne refpirent qu'humeur & méchanceté ; un lifeur de brochures qui s'imagine en fçavoir plus que Defcartes & Newton ; un prieur qui ne connoît de livres que des étrennes mignones & des almanacs ; & vous , pendant une journée au milieu d'un si joli troupeau : qu'elle agréable situation !

Le chevalier , à qui je viens de lire votre lettre , demandé si vous avez dit *bis* , & si vous avez applaudi : il n'auroit pas été si complaisant. Quelque migraine seroit venüe le tirer d'embarras. Pour moi j'eus avant hier le bonheur de me trouver dans une société bien différente de la vôtre. C'étoit toute une famille où la vertu ne brille pas moins que l'esprit , & dont on peut dire tous les biens imaginables , sans craindre de mentir. Un père tout probité, une mère toute raison , des filles aussi belles que modestes , des fils aussi sages que spirituels.

Si les cartes furent imaginées pour couper la conversation des babillards , & des mauvais plaisans , j'en loue l'inventeur, il seroit encore mieux d'avoir un secret pour les éliminer honnêtement de chez soi. Mais ces sortes d'êtres sont de la nature des guêpes. Ils entreroient par les fenêtres, si les portes étoient fermées.

LETTRE

LETTRE CLXVII.

LE comte **** achette une terre dans votre voifinage, je vous en fais mon compliment. C'eſt un petit homme plein de bonnes plaiſanteries, & qui n'a d'eſprit que pour en donner aux autres, & pour inſpirer de la gaieté. Il n'a point la vanité ordinaire aux gens de ſa taille, qui pour ſe rehauſſer, ſe font de l'orgueil un piedeſtal. Il eſt affable, honnête, & toujours ſemblable à lui-même. Il m'a dit que le diable s'en mêlera, s'il ne devient pas votre ami.

J'envie le bonheur qu'il aura d'avoir ſous ſes yeux cet immenſe baſſin où la terre, & l'eau raſſemblent pompeuſement leurs beautés. Il ſemble qu'on voit dans cet endroit le monde ſortir du néant, c'eſt-à-dire l'action d'un Dieu, qui déploie avec magnificence ſon pouvoir, & ſa majeſté. Si le Poëte du canton étoit plus méthodique, & ſe permettoit

Tome II. O

moins d'écarts, je l'aurois prié de nous décrire ce superbe coup d'œil, mais son esprit en zigue zague est incapable desuivre un plan. Vous m'avez étonné en m'apprenant le mariage de votre cher parent. Ce qui me fâche dans tout ceci, c'est que seize ans d'un côté, & quarante de l'autre forment rarement une heureuse union. Il est vrai qu'à quelqu'âge qu'on puisse être, on ne se mariroit jamais, si l'on vouloit refléchir. Aussi un auteur Italien dit-il avec raison, que le mariage est comme le jeu du collin-maillard où l'on prend au hazard la première personne qui se rencontre.

Les vers que vous m'avez envoyés sont d'un goût exquis. J'en ai régalé la ville & les fauxbourgs, en les remettant à un original qui se croit né pour visiter le genre humain. On vous sçait seulement mauvais gré, de ce que vous n'écrivez en ce genre, qu'avec une extrême sobriété; mais je dis à tout le monde que vous faites bien.

LETTRE CLXVIII.

C'est dommage en effet, comme vous l'obſervez très-judicieuſement, que l'eſprit de madame de **** ſoit gâté par l'humeur. On ne lui pardonne point de caprices, & tant d'inquiétudes, avec tant d'amabilité. Si elle avoit vu davantage les perſonnes de ſon ſexe, elle ſeroit ſans doute plus égale, & plus unie. Les femmes ne ſe paſſent rien, mais les hommes toujours ſur le ton de l'admiration, & de la flatterie, encenſent juſqu'aux travers d'une femme ſpirituelle & jolie.

Nous eumes hier chez l'abbé * * *, où j'étois à dîner, une converſation aſſez plaiſante ſur le chapitre des animaux. Il s'agiſſoit des avantages que nous retirons, de ce qu'ils ne parlent point, & à cette occaſion, l'imagination d'une dame fort ingénieuſe, s'égaia ſur les reproches que feroit un cheval de poſte ou de fiacre,

à ſes maîtres , ſur les différends conti-
nuels que les chiens & les chats auroient
avec les domeſtiques , ſuppoſé que les
bêtes puſſent ſe plaindre , & converſer. Cette idée nous amuſa beaucoup.
Je me figurois voir une perdrix qu'on
pourſuit ; un poullet qu'on eſt ſur le
point d'égorger , & les entendre appeller traîtres , cruels, bourreaux, les
hommes qui attentent à leur vie. Ce
ſeroit un tapage qui ne finiroit point,
& il faudroit abſolument ſe priver de
la préſence des animaux, ou renoncer à la paix. Les plus petites choſes nous font voir l'intelligence, &
la ſageſſe d'une providence qui a tout
ordonné pour le mieux.

Nous ſommes aveugles , ſi nous ne
voyons dans la ſtructure de ce monde , & dans ſon gouvernement , qu'un
ſimple hazard ; mais que de perſonnes qui n'apperçoivent rien ! Leurs
paſſions ſont un rideau qui leur ca-
che l'action du créateur.

L'homme eſt un étrange animal.
Il commence par s'éloigner de lui-
même , pour s'éloigner de Dieu ; par
regarder ce monde comme ſa fin, pour

n'être point obligé de contempler celui qui l'a créé. Cependant que de leçons de toutes parts, que d'avertissemens à deffein d'éclairer l'homme, & de réformer fon cœur. On a imaginé des fées, on a fait parler jufqu'aux bêtes mêmes, pour lui infpirer le goût de la vérité, & ces contes, & ces fables au lieu de produire l'effet qu'on en efpéroit, n'ont qu'amufé fon indolence, & nourri fon amour pour l'illufion. La fiction a plu, & le fens moral n'a rien opéré.

J'admire le courage du jeune Hollandois qui écrit fi fortement à la gloire de la religion. Il rifque dans un fiècle, comme le nôtre, de ne trouver ni faveur, ni protection, de devenir l'objet des fatyres & du mépris ; de mourir enfin dans l'indigence, fuppofé qu'il foit né fans bien. Les dévots mêmes qui l'admireront ne l'aideront pas. Si au contraire il frondoit le ciel, & bleffoit les mœurs, des amis fe multiplieroient dans tous les pays, pour lui offrir des azyles, & des fecours. Mais il penfe avec le Taffe qu'il n'y a point de guerre qui

ne soit préférable à la paix qu'on peut
avoir avec les incrédules. *Che la pa-
ce con gli infidi e peggiore d'ogni guerra.*

LETTRE CLXIX.

JE viens de faire réponse à un Irlandois qui s'est occupé, à traduire deux
de mes ouvrages en Anglois, sçavoir
la *jouissance de soi-même*, & *l'Univers
énigmatique*. Des connoisseurs m'ont
assuré que ces foibles productions,
ont pris une force admirable sous la
plume du traducteur. Je vous les envoie pour que vous puissiez en juger.

Votre ancien camarade de service,
sans doute mal dirigé, pousse la dévotion jusqu'à la minutie. Sa piété est
vraiment celle d'une femmelette qui
croit toutes les légendes imaginables,
& qui regarde le moindre rire comme un péché. Il fuit tous ceux qui
l'abordent, & fait l'honneur à toute
l'espèce humaine, de la regarder comme une troupe de démons.

Pour moi qui ai toujours préfumé que la vraie vertu n'étoit ni mal penfante, ni fauvage, je regarde cette dévotion comme une affaire de tempéramment ou d'humeur. L'homme réellement pieux a la douceur dans l'ame & dans les yeux, & fi fon caractère le porte à la dureté, il travaille à le refondre.

Je ne me fouviens pas d'avoir vu une meilleure dévotion que celle de votre oncle. Auftère pour lui-même, indulgent pour les autres, il ne croyoit que le bien, il n'évitoit que le mal; il ouvroit fa bourfe, il montroit fon cœur, & fon air toujours riant gagnoit des hommes à la vertu. Il fe partageoit entre lui même, & la fociété, rempliffant également les devoirs de citoyen & de chrétien. Nous l'avons vu difcourir en philofophe, & s'amufer en enfant, parce qu'il fçavoit avec le Sage, qu'il y a temps pour tout. Il n'eut pas fallut lui donner des livrets pour nourrir fa piété. Il cherchoit dans l'Evangile cette vertu mâle qui conftitue le véritable homme de bien. Sa mort fut telle que fa vie, une leçon de fageffe & de religion.

Je fais furement couler vos larmes, mais je ne me le reproche pas. On ne peut trop pleurer une perte irréparable.

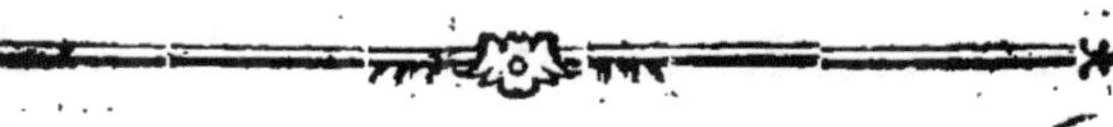

LETTRE CLXX.

C'EST vraiment un tremblement de terre, que le financier qui vous eft allé voir. Ses geftes, fes regards, fa voix, tout annonce un homme que la fortune a choifi pour briller, & pour faire du bruit. Il parle d'un ton que la médiocrité ne connoît point, & qui fe nomme arrogant chez ceux qui s'y connoiffent.

Encore fi fa femme, par des maniéres polies tempéroit cette rudeffe, & cette impétuofité ; mais elle joue le rôle d'une dédaigneufe qui n'approuve que ce qu'elle fait, qui ne trouve bon que ce qu'elle dit, qui ne juge beau, que ce qu'elle poffède. Ses regards tombent avec dédain fur qui-

conque a le malheur de n'être pas
magnifiquement paré , & ſes diſcours
ne s'adreſſent qu'à des gens riches ou
qualifiés , & ils ſont toujours déciſifs.

La conſeillère eſt morte ſans avoir
jamais fait autre choſe que de mêler
des cartes & de careſſer un chien. On
remarie déjà ſon aimable époux , pour
qu'il ait au moins la conſolation d'a-
voir une femme avant que de mourir. Celle-ci fut à peine un automate,
depuis que ceux de M. de Vaucan-
ſon vinrent à paroître. Elle laiſſe un
fils qui eſt charmé d'être au monde ,
parce qu'on s'y friſe , & parce qu'on
s'y parfume.

✳══════❀══════✳

LETTRE CLXXI.

VOUS allez donc partir pour Mar-
ſeille , & dire encore une fois adieu
à vos bois , à vos fontaines , à vos
avenues. Vous verrez une belle ville
ou les habitans ſont par pelotons , où
l'on ne parle que de vaiſſeaux qui par-
tent & ui arrivent, où l'on exami-

O v

ne tous les vents, pour saisir celui de la fortune & en profiter.

Votre médecin connoît parfaitement votre mal, dès qu'ils vous ordonne de voyager. Je suis fâché de ce que vous ne prenez pas le même compagnon ; mais sans doute vous avez vos raisons.

M. **** a un mérite qui lui est à charge, puisqu'il ne trouve que des imperfections chez les autres. Il faut laisser seul un homme de cette trempe, dans la crainte de blesser son ame & ses yeux.

J'ai vu *Mylene* ces jours derniers, & par la plus heureuse des distractions il ne m'a parlé, ni de sa famille, ni de sa terre, ni de ses liaisons ; mais gare la première fois. Il me faudra surement essuyer toute sa généalogie & les détails de tout ce qu'il a dit & fait. Eh ! pourquoi n'établit-on pas des écoles publiques pour corriger les orgueilleux, & pour réprimer l'orgueil.

LETTRE CLXXII.

JE viens d'avoir une converfation de deux heures avec un jeune homme qui parle de la manière la plus intéreffante & la moins apprêtée. Il n'a ni la fuffifance de fon âge, ni les ridicules du temps, il quitte la L'imagne, charmant pays d'Auvergne ou il avoit un emploi, & qu'il m'a dépeint avec toute la vivacité de l'efprit & tout le brillant de l'imagination ; c'eft une belle fortune pour un père qui penfe d'avoir un tel fils.

Il me paroit qu'il n'eft plus queftion du génie de M. ***, c'étoit un aftre nocturne qui s'eft éclipfé au grand jour; s'il eut fçu mourir à propos, alors on l'auroit anté comme un homme des plus rars Il y a des réputations durables, mais il y en a qui ne font qu'éphémères.

On loue éperdument les productions fophiftiques de M *** & ce font ceux qui ne fçavent rien, qui fe

O vj

répandent le plus en éloges. Bon Dieu ne verra-t-on jamais le militaire ne juger que de ſon métier, le négociant ne parler que de ſon négoce, enfin l'ignorant convenir qu'il ne ſçait rien? tout le monde tranche, tout le monde décide, & ceux qui auroient droit de prononcer, ſont à peine écoutés. On imprime trop, on lit trop, & toutes ces lectures indigeſtes cauſent dans la république des lettres la plus affreuſe anarchie. Le petit abbé parle plus affirmativement que le plus grand docteur; & il n'y a ſi chetive perſonne qu'on puiſſe ſuppoſer, qui ne s'érige en cenſeur des écrivains, & des écrits.

Le commentaire de don Jacques Martin, ſur la bible, que vous avez trouvé le moyen d'acquérir malgré ſa rareté, vous amuſera comme un des ouvrages les plus extraordinaires que je connoiſſe. C'eſt un mélange d'autorités profanes & ſacrées, & un répertoire de ſingularités. L'auteur qui mourut à l'Abbaye de Saint Germain des Prez, il y a quelques années, étoit un perſonnage que tout le monde vouloit voir. Les étrangers s'empreſſoient de le viſiter, & l'on n'étoit point à la mode, ſi l'on n'avoit vu dom Jacques Martin. Son imagination impétueuſe lui tenoit ſouvent lieu de Bouſſole, & alors il débitoit avec tout le génie poſſible, les rèves les plus extravagans.

Une dame de ma connoiſſance ſe donna pendant plus de trois mois la comédie à ſes dépens. Comme elle l'entendoit continuellement invectiver contre M. des Landes qui avoit critiqué ſes ouvrages, elle pria ce célèbre phyſicien, qu'il n'avoit jamais vu de prendre le nom *d'Olivier*, & de jouer ce perſonnage ſuppoſé devant dom Jacques Martin. L'affaire s'arrangea tout au mieux, & la dame eut le plaiſir de les avoir ſouvent l'un & l'autre à ſa table où la ſcène étoit des plus divertiſſantes. Le prétendu M. Olivier mettoit ſouvent la converſation ſur le chapitre de M. des Landes, diſoit que cet auteur n'avoit pas le ſens commun, & qu'il ne ſçavoit pas comment on pouvoit lire ce qu'il écrivoit. Le bénédictin en chanté ne ceſſoit d'applaudir, & de dire ſouvent à madame ****, eh ! bien. J'étois un extravant à vos yeux, un emporté, quand j'aſſurois que des Landes etoit l'homme du monde le plus ignorant & le plus pitoyable, & voilà cependant M. Olivier, plein de ſcience & d'eſprit, qui vous tient le même langage. Me croirez vous une autrefois.

Il s'apperçut enfin qu'il étoit joué; & ſon courroux éclata. Mais ce fut un feu paſſager, que ſa vivacité même éteignit.

LETTRE CLXXIII.

IL n'y a que les richeſſes & les honneurs qui gâtent notre homme en queſtion. Dépouillez-le de tout ce clinquant, jettez-le dans la ſociété ſans autres accompagnemens que lui-même, & il ſera très aimable & très-goûté. Il paie l'intérêt de ſa fortune par une vanité qui le rend inſupportable. Cent mille livres de rente ne ſe trouvent guères avec un air modeſte.

Quant à fa fœur, c'eft une étour-
die qui parle toujours, & qui n'a jamais penfé. Elle s'imagine que fes
mouches, fon rouge, fes diamans lui
donnent le droit de babiller fans réflexion; que d'êtres répandus dans la
fociété pour en troubler l'harmonie?

LETTRE CLXXIV.

QUE je vous félicite d'être en relation
avec M***; c'eft un homme admirable
qui ne doit qu'à lui-même fa manière
de penfer. On ne trouve ni chez les
autres, ni dans aucun livre fes expreffions & fes idées. Il laiffe aux efprits
fubalternes le trifte honneur de copier ; s'il eût voulu crayonner fon ame
dans quelque ouvrage de fa façon, il
auroit eu autant d'admirateurs que de
lecteurs, ou le véritable goût eft
gâté.

Il s'en faut bien que l'oncle foit
auffi confidéré. C'eft ce perfonnage
aux gros yeux, dont le nez arrive
toujours un quart-d'heure avant lui;

& qui difoit, s'il vous en souvient : *qu'il n'y a rien de plus stupide que de penser.*

Le fils de votre ancien voisin ne prend ni forme, ni accroissement. Il a tout l'air de quelque figure échappée d'un paravent ou d'un écran. La mère qui ne connoit de mérite dans le monde que la taille & la beauté, s'afflige de ce contre-temps, comme du plus grand des malheurs. Elle déclare déjà à qui veut l'entendre, que son enfant sera surement abbé. Il ne s'agit plus que de trouver quelque personne accréditée qui fasse pleuvoir sur sa tête tous les bénéfices que l'ambition pourra rassembler.

Le bruit court que l'institut de Bologne veut absolument vous agréger parmi ses membres. Vous deviendrez le collégue de la dame *Laurea Passi*; qui professe publiquement la philosophie, & qui comme presque toutes les femmes sçavantes, paroît avoir renoncé à la beauté, pour se parer d'érudition. Elle a un mari connu sous le nom du docteur *Verati* qui prétend avoir guéri nombre

de paralytiques par la vertu de l'é-
lectricité. Son ouvrage sur cette matière est fort curieux, & vous ne pouvez mieux faire que de vous le procurer.

LETTRE CLXXV.

QUE de momens perdus dans le
cours d'un siècle, d'une année, d'un
mois, d'une semaine, d'un jour! Que
de paroles inutiles, que d'actions vai-
nes depuis le commencement du monde jusqu'à sa fin! La vie la plus longue ne consiste que dans quelquesmil-
liers d'heures, & les deux tiers se
passent à faire des riens, à lire des
inepties. On croiroit à voir les hommes s'agiter au milieu des places publiques, qu'ils ont les plus grandes affaires à traiter, & il n'est question que
de quelques vils intérêts, que de quelques futils plaisirs. On ramasse toutes
ses pensées, on resserre toute son ame,
pour se livrer sans réserve aux superfluités du siècle, & à ses frivolités.

Il semble que nous ne soyons jet-
tés sur cette terre, que pour errer au
gré de nos caprices, & de nos desirs,
& qu'il n'y ait ni loi, ni vérité capables de nous diriger, & de nous in-
struire. Il semble que ce monde n'est
qu'une vaste prairie, où à l'exemple
des animaux, nous n'avons rien à faire, qu'à courir & à brouter. Presque tous les hommes ne s'occupent
que des besoins physiques, sans penser qu'ils ont une ame immortelle
qu'on doit nourrir d'éternelles vérités.
Je pensois dernièrement que ce seroit
une encyclopédie bien étrange, &
bien étendue, s'il étoit possible d'imprimer tout ce qui se dit dans tout
le monde, dans le courant d'un seul
jour. Que de paradoxes! Que de chimères, que d'opinions! Que d'injures, que d'extravagances! Ce seroient
toutes les passions exprimées en di-
verses langues, & au milieu de ce prodigieux assemblage d'idées, & d'expressions, on trouveroit à peine quelques pensées dignes d'un homme fait
à l'image de Dieu, quelques vérités
capables d'honorer l'Etre suprême.

& de satisfaire la raison.

Nous ne sommes ingénieux qu'à nous tourmenter à pure perte. Nos desirs, & nos projets, font presque toujours notre supplice, soit parce que nous desirons des choses qui ne se réalisent point, soit parce que nous les méprisons, lorsqu'elles se présentent : cependant nous fumes créés pour être heureux. Qu'il est triste de passer sa vie à être duppe de ses méprises, & de mourir sans reconnoître cette erreur !

Me voilà comme vous voyez dans les plus grandes moralités. Mais ce qui me fâche, c'est que toutes ces refléxions font presque toujours perdues, & pour ceux qui les écrivent, & pour ceux qui les lisent. L'ame en reconnoît la vérité, & le cœur, son perpetuel antagoniste, se hâte de dissiper la lumière, & de ramener les ténébres qui lui font favorables. C'est ce que l'immortel Massillon exprimoit si bien, lorsqu'il disoit qu'il y avoit un grand pont du cœur à l'esprit.

LETTRE CLXXVI.

VOTRE dernière mortifie cruellement mon amour propre. Je vois que je n'ai fait que bégayer, & que c'est vous qui parlez. Vos traits de morale sont si luminenx, que mon ame est toute différente de ce qu'elle étoit. Vous l'avez transportée dans la région des éclairs ; de manière que, quand il faut me retrouver avec moi seul, je suis effrayé de ma solitude, & de mon obscurité. Nicole vous eut choisi pour son plus grand ami, Malbranche pour son premier disciple.

Que direz-vous de M. *****. Il a deux millions de bien ; il est garçon, & il ne cesse de répeter, *si j'étois riche*. Comme il est fort valétudinaire, son cousin dit qu'il desiteroit sans doute avoir dix millions, pour se faire enterrer. On lui conseille les eaux, mais je crains bien, qu'après avoir traîné la mort de province en province, il ne paye enfin de sa perfonne, les plaifirs qu'il a pris. Sa poitrine eft abfolument délâbrée , & il foutient comme prefque tous les poulmoniques, que c'eft l'eftomac qui lui fait mal. Je m'accommoderois de fa fociété, s'il étoit moins obftiné. Mais ce n'eft plus le même homme , lorfqu'on n'eft pas de fon avis. Alors il donne tout l'effor poffible à la colère , & à la vanité.

Je n'entens rien dire de l'Américain , finon qu'on lui reproche de n'être aimable qu'hors de chez lui. Que d'hommes dans ce cas , qui font font les délices de tous ceux qu'ils vifitent & le fleau de leur famille & de leurs gens. Ils quittent le foir leur belle humeur, comme on quitte un habit de gala.

Le malade vit. C'eft tout ce que je puis vous dire de fon état. Les médecins font toujours attentifs aux jours impairs, comme à une obfervation confirmée par une longue expérience. Mais quel trifte état , lorfqu'ainfi que l'exprime Malherbe.

On oit quelqu'un qui dit tout bas ,
En mourra-t-il ? n'en mourra-t-il pas ;
Ira-t-il jufqu'au quatorzième.

LETTRE CLXXVII.

VOUS ne devez être nullement surpris de ce que votre ami, quoique
très - aimable, & très - spirituel, se
trouve embarrassé dans la compagnie
des femmes. Il y a des hommes qui
n'ont d'esprit, que lorsqu'ils sont en-
tr'eux, comme il y en a d'autres, qui
n'en ont que pour plaire au sexe. La
société des hommes exige moins de
complaisance, & de délicatesse. Tout
le monde n'a pas ce sel volatil, l'assai-
sonnement des cercles, & qui donne
de la valeur aux plus petits riens.
Vous sçavez que l'élégant D *** a
beau se faire une conversation sémil-
lante, à l'aide des brochures du jour,
comme il s'est fait un visage agréable,
à l'aide d'un miroir, qu'il n'est vu malgré cela qu'avec des yeux d'indifférence, ou de dédain. Les femmes qui
ont l'usage du monde, & de la raison,
sont rarement duppes de la fatuité.

LETTRE CLXXVIII.

Le Chevalier, piqué d'avoir dîné l'autre jour, comme malgré lui, chez le mortel le plus ſtupide & le plus ennuyeux, diſoit à une dame, qui lui demandoit l'énumération du repas qu'il y avoit deux perdrix, un faiſan, un cochon de lait & un *ſirardin* (c'eſt le nom de celui qui donnoit à manger.) Boiléau n'eut certainement pas dédaigné cette épigramme, mais cela eſt trop méchant.

Madame * * * eſt toujours auſſi aimable que vous l'avez connue. Elle vit avec ſes filles comme avec de bonnes amies; & lorſqu'elles ſont enſemble, on peut dire que le parnaſſe n'a rien de mieux. Je les vois aſſez ſouvent; & toujours avec un nouveau plaiſir. On ne ſe laſſa jamais de la compagnie des muſes & des vertus.

LETTRE CLXXIX.

Je viens de faire un adieu qui me glace le cœur. Il s'agit d'un ami qui part pour les grandes Indes, & qui ne doit plus revenir : c'eft - à - dire que je puis m'affliger de fon abfence, comme je m'affligerois de fa mort.

Vous ne me parlez plus ni de botanique, ni d'agriculture? cependant je préfume que l'une & l'autre vont leur train, & que chaque jour on plante & l'on herborife. C'eft une grande reffource pour un habitant des bois.

Je reçois une lettre de l'abbé, qui eft toute pleine de reconnoiffance, & de regrets. Il me marque qu'il ne fe rappelle qu'avec un vrai chagrin le pays qu'il a quitté, & qu'il voudroit encore y être. Hélas! quand nous partons d'un endroit où nous avons paffé des jours agréables, tout jufqu'à la moindre promenade, jufqu'au plus petit ruiffeau, fe repréfente à notre efprit, & nous gémiffons de ne plus

voir

voir ces objets. On n'y penſoit pas lorſqu'on en jouiſſoit , on les regardoit ſouvent même comme inſipides , & la privation nous les rend mille fois plus charmans qu'ils n'étoient. D'où vient cette ſingularité , ſi ce n'eſt parce que nous ſentons que des inſtans qui ſe ſont échappés , pour ne plus revenir , ſont autant de diminutions de nous mêmes : notre vie s'écoule avec une rapidité ſurprenante , & il ne nous en reſte plus que le tableau , ſitôt que nous vieil-liſſons. Ce n'eſt qu'une miniature pour ceux qui n'aimèrent que la frivolité , qu'un ouvrage en paſtel , pour ceux dont l'exiſtence ne fit ni date , ni époque , mais une peinture magnifique & ſolide , pour les perſonnes que leur actions ou leurs écrits rendirent mé-morables.

<hr>

LETTRE CLXXX.

Puisqu'enfin vous partez précipita-ment pour Lyon , je ne vous écrirai plus qu'en cette ville. Si nos pigeons étoient auffi agiles & auffi bien éduqués que ceux de Syrie, alors par le moyen de ces fidèles meffagers, vous recevriez à chaque pofte une de mes miffives. Mais par malheur nos couriers ne font point ailés.

Vous allez voir les bords de la Saône, qui furement vous plairont. Il faut, felon l'expreffion d'un ancien, être tout œil quand on voyage; la plus petite contrée a de quoi intéreffer un curieux.

Nous avons fait une vifite en toute règle à l'Américain, & quoique l'abbé de * * * * faffe la pluye & le beau temps dans cette maifon, nous n'eumes ni l'un, ni l'autre. Il nous laiffa tout le jour avec le plus trifte des brouillards, de forte que nous ne pumes voir les dehors du château. Il me parut qu'il étoit bientôt temps, que le maître du lieu retournât à St. Domingue chercher des fucres, & des indigo. Sa fortune eft comme une femme qui n'a plus de beauté que celle du fard. Cependant on parla d'équipages de chaffe, d'ameublemens nouveaux, & même de millions;

mais ceux qui ſçavent l'hiſtoire des dépenſes & des revenus, ne ſont point dupes de cette jactance.

On ne pourroit jamais s'imaginer que ſa ruine eût été ſi prochaine, ſi l'on ne ſçavoit qu'il joue des ſommes énormes & qu'il perd toujours : la perte qui devroit corriger les hommes du jeu, eſt préciſément la choſe qui les y attache. Ils riſquent cent mille livres pour raccrocher cent louis.

Adieu. Ce ſeroit la plus grande des indiſcretions, de vous diſtraire plus long-temps. Une lettre qui arrive la veille d'un départ, c'eſt-à-dire, au moment qu'on ferme des malles, qu'on donne des ordres, qu'on fait des diſpoſitions eſt toujours mal reçue.

LETTRE CLXXXI.

Il n'y a que vous dans le monde capable de vous égayer, comme vous avez fait, au milieu des contretemps qui vous ſont arrivés. C'eſt prendre ſon parti en brave capitaine, & ſe réndre maître des hazards, & des événemens. C'est un grand bonheur de ce que vous en avez été quitte pour une chaise brisée, pour une pluie perçante, & pour une nuit passée au bivac; on ne fait pas attention, lorsqu'on repose dans son lit, qu'il y a nombre de voyageurs qui se trouvent aux prises avec les plus grands dangers ; cependant que de gens qui vont & viennent, tant sur terre que sur mer, au sein des ténèbres. Les uns s'égarent dans d'immenses forêts, les autres échouent sur des rochers, ceux-ci sont assassinés par des troupes de brigands, ceux-là s'abîment au fond des précipices, de sorte qu'on peut dire, que si la nuit est le temps du repos, elle est tout à la fois l'occasion de bien des malheurs.

Si l'on y pensoit souvent, on ne voyageroit jamais, on craindroit toujours ; mais on part, on est parti, & les affaires, & les plaisirs, & les besoins entraînent & suspendent heureusement toutes ces tristes réflexions.

Les frayeurs de votre compagnon de voyage m'ont beaucoup amusé.

Les gens d'esprit ne sont pas toujours les plus braves. Nicole n'osoit plus sortir vers la fin de sa vie, dans la crainte d'être écrasé par quelque tuile. Pascal se croyoit continuellement sur le bord d'un précipice. Il n'y a point d'empire aussi terrible que celui de la peur.

LETTRE CLXXXII.

J'ÉTOIS dans un de ces momens d'accablement & d'ennui, dont on ne peut découvrir la cause, lorsque votre dernière m'est parvenue. C'est une situation bien singulière, que celle d'un homme qui se chagrine sans en avoir aucun sujet; cependant qu'est-ce qui n'a point éprouvé ce contretemps. On ne sçait alors si l'on sommeille, ou si l'on est éveillé, & il semble qu'on n'a plus qu'une existence indécise, dont on ne peut rendre raison.

L'homme se leve triste ou joyeux, dit le *Dante*, selon que la matière agit sur son ame. Il sent sourdement des satisfactions, ou des peines, dont les humeurs plus ou moins rarefiées, font l'occasion. Il y a tant de connexion entre le corps & l'esprit, qu'il en naît à toute heure des phénomènes en tout genre.

Le célèbre Hoffman a donné à cette occasion toutes les vraisemblances, & peut-être toutes les vérités. Il parle en homme qui analysoit les choses & qui les approfondissoit, de toutes les situations que l'ame éprouve, & de l'influence qu'elles ont sur notre santé.

Je me réjouis de ce que la vôtre, meilleure que jamais, vous laisse le loisir de goûter tous les agrémens du voyage. Pour moi, tandis que vous courrez, immobile au sein du tumulte, je jouis du repos littéraire & de la société de quelques amis. Non, rien n'est plus délicieux que de se trouver seul avec des livres, & des pensées, tandis que le monde, emporté par le tourbillon des affaires, des modes & des plaisirs, concentre toute son existence dans les spectacles, dans les festins & dans les jeux. Il semble alors que la paix a quitté l'univers pour fe réfugier dans l'ame de celui qui médite & qui lit.

LETTRE CLXXXIII.

LE préfident & fon beau-frere viennent de fe brouiller avec le plus grand
éclat, & ce qu'il y a d'étrange, c'eft
que ces deux perfonnages qui s'efti-
moient mutuellement, fe méprifent
au point de fe traiter de part & d'autre d'ignorant & d'imbecille. Qu'on
fe fâche tant qu'on voudra, difoit
Defcartes, mais qu'au moins, on ne
fe dépouille pas réciproquement des
bonnes qualités qu'on peut avoir.

Mais ce n'eft pas ainfi qu'on agit.
On n'a pas honte de répandre qu'un
homme, dont on avoit admiré le génie pendant des années, n'a pas le
fens commun, qu'une femme dont on
avoit vanté les agrémens & la fociété,
n'eft propre qu'à caufer des vapeurs
& de l'ennui ; comme fi la colère avoit
le pouvoir de dénaturer ceux à qui
l'on en veut, comme fi l'on changeoit

l'essence des choses en changeant de manière de parler.

Eh ! pourrois-je m'empêcher de dire & de sçavoir, quand même je viendrois à me brouiller avec vous, que vous avez tous les talens & tout le génie qu'on peut desirer ; que vous êtes doux, bienfaisant, modeste, généreux ! Oui, je sens dans moi-même, que s'il étoit possible, que vous vinssiez à me faire de la peine, je serois susceptible, mais que je ne serois jamais injuste ; je dirois en cela il a tort, mais il n'en est pas moins vrai, qu'il a toutes sortes de bonnes qualités.

C'est une chose singulièrement contournée que la vûe d'un homme fâché. Il ne voit plus les objets comme il les voyoit, & ce qu'il admiroit le plus, lui paroît digne de pitié. Conservons nos yeux toujours de la même façon, & arrangeons-nous avec les personnes telles qu'elles puissent être, de manière à voir demain ce que nous voyons aujourd'hui.

LETTRE CLXXXIV.

Sɪ vos affaires, fi le fracas de la ville de Lyon, qu'on peut appeller un fecond Paris, ne vous laiffent pas le loifir de lire cette lettre, ne voyez que la fignature, & c'eft affez. Je ne fuis jaloux que de vous faire connoître que je m'occupe de vous, que mon ame eft partout où vous êtes, & que nulle puiffance fur terre n'a le pouvoir de l'en empêcher.

Que vous allez voir de magnificence! L'induftrie a déployé fur des étoffes tout ce qu'il y a de plus élégant & de plus précieux. Ce font toutes les faifons copiées d'après nature, toutes les fleurs de nos jardins rendues trait pour trait.

L'union du Rhone & de la Saône vous donne un autre fpectacle qui forme le plus charmant coup d'œil. Vos yeux, fi vous montez à la chartreufe comme je le préfume, rempliront votre ame des plus belles images. Il s'agit d'une ville entière, d'un peuple immenſe que vous verrez ſous vos pieds ; quel ſujet de réflexions, lorſqu'on eſt philoſophe.

L'inſigne cathédrale vous plaira par ſon auguſte ſimplicité. Elle préſente ces rides vénérables qui prouvent l'antiquité de notre ſainte religion. On n'y apperçoit ni ces décorations, ni ces ornemens qui ſont ſouvent plus propres à diſtraire les fidèles, qu'à nourrir leur piété ; l'ame y eſt pour ainſi dire forcée à ne s'occuper que de la préſence de Dieu.

Je ne vois plus le balafré, & je m'en trouve bien. C'eſt un faiſeur d'hiſtoires, qui ne ſe nourrit que de rapports & de caquets. Ces ſortes d'eſprits ſont la ruine des ſociétés. On n'a que des inquiétudes lorſqu'on voit des rapporteurs.

Celui que vous connoiſſez ſous le nom de la *Barbe bleue* repaſſe les mers. C'eſt un homme plein de probité, mais malheureuſement dur comme preſque toutes les perſonnes exactes & judicieuſes. Nous ſommes ſi imparfaits, que nous n'avons jamais une bonne qualité, qu'aux dépens d'un autre. Je connois des hommes qui ont en partage toute la droiture possible, & qui plutôt que de donner un louis d'or, verroient expirer le genre humain. Pour moi, qui crois que le soulagement de nos frères est essentiellement renfermé dans ce qui s'appelle l'équité, je ne regarderai jamais comme équitable quiconque refuse du secours à son prochain.

LETTRE CLXXXV.

Si l'homme dont on vous a parlé n'étoit pas continuellement infirme, il seroit beaucoup plus raisonnable dans ses écrits. C'est une ame sublime à la vérité, mais logée dans un corps pusillanime, & il suffit que la digestion ne se fasse pas bien, pour que l'imagination en soit affectée. Alors c'est un débordement de paradoxes & de singularités, ou plutôt une bile épanchée sur l'univers, sur la religion, sur tous les états. Ainsi un ouvrage extravagant est quelquefois la suite d'un mauvais estomac plutôt que d'un mauvais génie.

Il ne falloit qu'une fièvre legère, qu'u-
ne simple infomnie, pour armer Bayle
contre le genre humain. Toute l'effer-
vescence de son sang passoit dans ses
écrits, & il devenoit un auteur en délire.

Notre raison tient à si peu de chose, elle se dérange si facilement, qu'il
n'y a point d'homme, qui, chaque
jour, ne radote intérieurement. Cela
est si vrai, que si nous écrivions toutes
les pensées qui nous affectent, on verroit les rêves les plus extravagans; &
c'est ce que font nos auteurs à la mode, ils prennent une plume & s'aban-
donnent à tout ce qui leur vient dans
l'idée. De-là, tant de bisarreries, tant
de sophismes, tant de systêmes qui
n'ont ni suite, ni liaison. La seconde
page détruit les raisonnemens de la
première, & pour peu qu'on lise de
sang-froid & avec réflexion, on n'apperçoit qu'un amas de contradictions
& d'erreurs.

C'est cependant-là ce qui enchante,
ce qui ravit, ce qui passe de main en
main comme un chef-d'œuvre de science & de génie. Quand verrons-nous
clair ?   *Fin du tome second.*